Pour Gerry et Murielle,

en hommage à leur joie
de vivre et leur vision
lumineuse du monde.

Merci
de me lire

Serge

le 2 novembre 2014

12/19

À l'école de mes élèves

Journal d'un enseignant passionné

Les Éditions du Vermillon reconnaissent l'aide financière
du Conseil des Arts du Canada,
du Conseil des arts de l'Ontario, de la Ville d'Ottawa,
du gouvernement du Canada (Fonds du livre du Canada
du ministère du Patrimoine canadien, et de la SODIMO)
pour leurs activités d'édition.

LE CONSEIL DES ARTS DU CANADA DEPUIS 1957 | THE CANADA COUNCIL FOR THE ARTS SINCE 1957

ONTARIO ARTS COUNCIL
CONSEIL DES ARTS DE L'ONTARIO
50 YEARS OF ONTARIO GOVERNMENT SUPPORT OF THE ARTS
50 ANS DE SOUTIEN DU GOUVERNEMENT DE L'ONTARIO AUX ARTS

Ontario
Ontario Media Development Corporation
Société de développement de l'industrie des médias de l'Ontario

Ottawa

Patrimoine canadien   Canadian Heritage

Catalogage avant publication de Bibliothèque et Archives Canada

Cham, Serge, ----, auteur
À l'école de mes élèves : journal d'un enseignant passionné / Serge Cham.

(Collection Visages ; 29)
ISBN 978-1-77120-179-7

1. Cham, Serge, ---. 2. Psychoéducateurs--Québec
(Province)--Biographies. I. Titre. II. Collection: Collection Visages ; 29

LA2325.C44A3 2014   371.10092   C2014-900122-3

Les Éditions du Vermillon
305, rue Saint-Patrick Ottawa (Ontario) K1N 5K4
Téléphone : (613) 241-4032 Télécopieur : (613) 241-3109
Courriel : leseditionsduvermillon@rogers.com

Distributeurs
Au Canada Prologue
1650, boulevard Lionel-Bertrand Boisbriand (Québec) J7H 1N7
Téléphone : (1-800) 363-2864 (450) 434-0306
Télécopieur : (1-800) 361-8088 (450) 434-2627
En Suisse Albert le Grand
20, rue de Beaumont CH 1701 Fribourg
Téléphone : (26) 425 85 95 Télécopieur : (26) 425 85 90
En France Librairie du Québec
30, rue Gay-Lussac 75005 Paris
Téléphone : 01 43 54 49 02 Télécopieur : 01 43 54 39 15

ISBN : 978-1-77120-179-7 (papier)
ISBN 978-1-77120-180-3 (PDF) ISBN 978-1-77120-181-0 (ePub)
COPYRIGHT © Les Éditions du Vermillon, 2014
Dépôt légal, deuxième trimestre 2014 Bibliothèque et Archives Canada

Serge Cham

À l'école de mes élèves

Journal d'un enseignant passionné

Récit

Collection « Visages », n° 29

 Vermillon

Si tu veux tu peux
Si tu peux tu dois.
Kant

À vous qui, indubitablement, m'avez aidé à croître.

Je tiens à remercier de tout cœur
ceux qui m'ont fait l'honneur de me réclamer ce texte
tout en me pardonnant ma longue période de gestation.

Merci spécialement à Suzanne Locas,
Elisa Cham, Marcel Boily et Danyelle Bertrand
dont les sages et judicieux conseils
ont été suivis à la lettre.

Merci enfin à ces deux experts en révision,
Claire Gauthier et Jean-Claude Dumont,
pour leurs suggestions et leur encouragement.

L'éducation est votre arme
la plus puissante
pour changer le monde.
Nelson Mandela

Du même auteur

Plaidoirie pour les hommes. Conte, Presses de l'Université
    d'Ottawa, 1974, Ottawa
La petite louve blessée. Conte, Fober Plus, 1991, Gatineau
Chroniques de l'espoir. Essai, Éditions du Regard Neuf, 1996,
    Gatineau
Ah! C'est mon histoire! Contes, Les Éditions du Vermillon,
    2005, Ottawa
Valse inouïe Poésie. Éditions Paroles, 2009, Montréal

Préface

La bataille contre l'ignorance se gagne tous les jours,
et elle finit par ouvrir des perspectives insoupçonnées.
Dalaï Lama

L'ignorance mène à la peur, la peur mène à la haine
et la haine conduit à la violence. Voilà l'équation.
Michael Moore

La liberté commence où l'ignorance finit.
Victor Hugo

Il en est du savoir comme il en est de l'amour, plus on en possède, mieux va la vie ! L'enseignement peut se révéler une extraordinaire thérapie lorsqu'il débouche sur les perspectives insoupçonnées dont parle le Dalaï Lama. En particulier lorsqu'il permet à des gens de tous âges, malmenés par la vie, de prendre connaissance de leur capacité d'apprendre, à quelque niveau que ce soit, et d'exprimer de façon cohérente idées et émotions. La connaissance de soi, aussi imparfaite soit-elle, permet en partie de maîtriser ses faiblesses, d'utiliser des forces qu'on croyait inexistantes.

De là, peut-être, une plus grande ouverture sur le monde... Apprendre à connaître ce dont on a peur : gens, peuples, races, pensées, philosophies, religions... les épreuves que traverse le monde depuis quelques années ne démontrent-elles pas clairement comment l'ignorance mène à la peur, la peur mène à la haine et la haine conduit à la violence ?

L'entrée dans un monde de violence nous enferme dans un impitoyable carcan, qui prive du libre arbitre. Il y a quand même espoir de s'en sortir. La liberté commence, disait Hugo, où l'ignorance finit.

M. Serge Cham l'a appris au fil de ses expériences de travail. Il a utilisé le savoir comme outil de libération, libération du joug de la violence, de la haine, de la peur et même de la maladie. J'ai eu la chance d'être témoin privilégié des heureux résultats de quelques-unes de ses interventions.

L'enseignement, offert par un humaniste, devient un outil thérapeutique d'une grande efficacité. La lutte contre l'ignorance ouvre grand le chemin de la liberté, sous toutes ses formes.

Bravo, M. Serge

Marcel Boily
Psychiatre

Chapitre premier

Le bon choix

Pourquoi as-tu choisi l'enseignement comme profession ? me demanda un jour une de mes anciennes flammes rencontrée par hasard.

Elle, jadis si radieuse, fut soudain en proie, à ma vue, à une vague de déception que son air hautain et son regard sombre ne purent dissimuler.

Un frisson désagréable me traversa de la tête aux pieds. Moi qui m'apprêtais à me laisser envahir par le doux souvenir de ces matins froids où son vivifiant sourire suffisait à réchauffer mon cœur !

Sans m'accorder le temps de parler à mon tour, elle ajouta : « Tu aurais pu faire un meilleur choix et t'assurer ainsi un plus haut niveau de vie. »

Ces paroles me tirèrent soudain de mon mutisme admiratif et me forcèrent à mettre fin à ses invectives. D'une voix à peine audible, d'abord rauque et tremblante, comme le coassement d'une grenouille aveuglée par une lueur fugace, je marmonnai :

« Se tromper n'est pas grave. C'est refuser de corriger ses erreurs qui l'est. Si ton corps, avec le temps, a su conserver sa poésie, tu n'as malheureusement pas réussi à te débarrasser de ton besoin de cracher, sans raison apparente, ton venin. Merci de me guérir, une fois pour toutes, du mal de toi. »

Nous n'eûmes rien de plus à nous dire. Depuis, aucune autre occasion de nous rencontrer. Heureusement.

Ces vers de Lamartine revinrent tout à coup à ma mémoire :

Que peu de temps suffit
Pour changer tant de choses!

Plus de trente années se sont écoulées depuis notre dernière conversation. L'opportunité de compléter ma réponse à sa question concernant les raisons de mon choix me fut offerte par la directrice de l'unité infantile du Centre hospitalier Pierre-Janet situé dans la région de l'Outaouais.

En effet, lors de mon départ de ce centre hospitalier où j'ai enseigné le français et les mathématiques au primaire pendant plus de vingt ans, je fus invité à prendre la parole. En présence de la plupart de mes collègues, j'ai tracé le tableau des éléments fondamentaux de mes interventions en tant qu'enseignant. Le projet de raconter l'histoire de mon passage *À l'école de mes élèves* commença à germer dans mon esprit dès cet instant. Il m'a fallu plus de six ans pour me décider à mettre de l'ordre dans mes idées et pour scruter les différents jalons de mon parcours afin d'en extraire, comme dirait Rabelais, la substantifique moelle. Je l'ai toujours su et je l'ai dit aussi souvent que j'ai pu :

« Enseigner, c'est apprendre. »

Il serait opportun d'avouer que c'est l'enseignement qui m'a choisi, précocement, à mon insu même. J'ajouterais que j'ai toujours considéré ma profession davantage comme ma contribution à la construction du monde que comme un simple gagne-pain. Je ne conseillerais d'ailleurs à personne de choisir une carrière, quelque prestigieuse ou lucrative qu'elle soit, en se laissant guider uniquement par l'appât du gain.

La joie de transmettre mes connaissances me grisait déjà dès l'âge de quatorze ans. La prise de conscience du pouvoir que procurait le savoir me fascinait. En Haïti, j'étais admis dans des salons que mes pieds poussiéreux et mes souliers démodés n'auraient jamais foulés si ma réputation d'élève studieux ne m'avait précédé.

Comment oublier cet après-midi du mois de mai? Il était environ dix-huit heures. Le soleil commençait à peine à laisser paraître ses premiers signes de fatigue après une journée entière à darder, sur notre toit en tôle ondulée, ses rayons incendiaires. Des ilangs-ilangs, qui bordaient la clôture de fil de fer barbelé délimitant le terrain de notre modeste maison, s'exhalait une suave odeur que j'aurais souhaité voir s'éterniser. Je venais à peine d'avaler mon premier repas de la journée. Je me préparais à entreprendre ma révision en vue des examens pour l'obtention de mon certificat d'études primaires. Soudain arriva à l'improviste un jeune homme d'une vingtaine d'années.

Il était beau, grand et fort. Les veines de ses bras donnaient l'impression de se frayer un chemin à travers ses muscles comme les nervures d'une feuille de bananier. Il avait des cheveux crépus et soigneusement brossés, des vêtements de coupe sobre, mais très propres. Par la forme de son nez à moitié aplati et la couleur de sa peau légèrement brunie par le soleil, il aurait pu facilement être confondu avec un des trente-deux fils de notre voisin octogénaire, monsieur Lapierre. N'allez pas croire que ce vieux coq qui se vante d'être en rut perpétuel et d'avoir mis en déroute tant de poulettes de la basse-cour nationale avait le cœur volage. Non. Il était militaire. Son père adoptif, au nom prédestiné, monsieur Papillon, avait fait carrière dans la marine.

Quant au jeune homme, dès qu'il ouvrit la bouche et demanda à parler à *mesye Kam*, il paraissait évident que cet inconnu n'avait jamais eu la chance de fréquenter l'école.

Par sa façon de courber la tête, à la vue de mon père, pour lui adresser la parole, je ne pouvais plus me méprendre sur sa véritable identité. C'était un garçon de cour, ironiquement appelé « Jeran - lacou ». J'en étais convaincu sans avoir eu besoin de l'entendre expliquer les motifs de sa visite :

– *Bonjou mesye Kam. Mesye Astye voye mwen chèche Sèj.* (Bonjour monsieur Cham. Monsieur Astier m'envoie chercher Serge.)

– *Ki sa li fè de mal?* (Qu'a-t-il fait de mal ?)

– *O kontrè, mesye Astye ap tan-n li dan deyò.* (Au contraire, monsieur Astier l'attend le sourire aux lèvres.)

Assailli de questions, le garçon de cour de l'un des plus riches hommes d'affaires de l'avenue Fouchard, où j'ai passé ma jeunesse, a su trouver les mots justes pour rassurer mon père.

Heureux et surtout fier de ne pas rentrer bredouille chez monsieur Astier, cet envoyé spécial ne manqua pas d'épiloguer sur ma chance d'avoir été choisi par son patron parmi tous les jeunes garçons des alentours.

L'accueil qui me fut réservé à mon arrivée dans cette luxueuse maison lui donna raison. En effet, à ma vue, monsieur Astier, oui, lui-même, souriant, m'ouvrit grand les bras. Il me dit, en présence de deux de ses jolies filles, les sœurs jumelles les plus cloîtrées et à la fois les plus connues du quartier :

– Bienvenue, mon enfant, tu m'étais déjà familier bien avant que nous ne nous fussions jamais rencontrés.

Intimidé, je n'avais que mon sourire béat à lui offrir en guise de réponse. Pendant quelques secondes, j'ai eu peur. Non pas d'apprendre que c'était lui, mon véritable père. Il ne l'aurait d'ailleurs jamais avoué en présence de sa femme et de ses enfants. J'avais surtout peur de devoir regarder désormais ces belles créatures avec les yeux d'un frère.

Son accueil chaleureux, voire paternel, était sincère. Il savait déjà que j'avais choisi la vie religieuse et que j'allais bientôt poursuivre mes études au Petit Séminaire Collège Saint-Martial pour être ordonné prêtre par la suite. D'après lui, j'étais non seulement digne de préparer les examens de fin d'études primaires en compagnie de ses filles, mais je devais être surtout insensible à certains effluves, comme le sont les eunuques. Il n'a jamais su et il ne saura jamais, puisqu'il n'est plus de ce monde, le nombre de fois où j'ai dû m'adresser à tous les saints du ciel pour m'aider à résister à la tentation de m'imaginer en train de... avec l'une, puis l'autre sœur jumelle. Quelle torture, à l'aube de l'adolescence, de visiter le paradis sans se donner le droit d'explorer les moindres recoins de ce jardin de rêve!

J'ai passé des années à me confesser d'avoir désiré simultanément deux sœurs. Hélas! Je me suis contenté de l'indicible plaisir que me procurait ce doux secret. Quoi qu'il en soit, elles et moi, nous avons réussi à obtenir notre certificat d'études primaires au grand plaisir de leur père qui me gratifia d'une guitare.

Je venais de découvrir un tremplin duquel je me préparais à m'élancer pour échapper à la misère. Je passais mes vacances d'été, qui duraient trois mois en ce temps-là, à enseigner le latin, le grec, le français et les mathématiques à des jeunes de classes sociales différentes. Pour l'instruction de leurs enfants, certains parents acceptaient de s'imposer de grands sacrifices.

Aller à l'école, dans une société foncièrement inégalitaire et offrant rarement des motifs de fierté, avait la valeur d'une aurore.

Ainsi, quand je suis parti de mon pays natal en 1970 pour m'installer à Montréal, j'étais très confiant, même si je n'avais pas un sou en poche. Je me sentais riche non seulement de mon intention de compléter ma formation universitaire, mais aussi de la maîtrise de ce merveilleux outil de communication et de civilisation, le français. J'ai adopté la Belle Province principalement en raison de sa langue officielle majoritaire.

Aucune épreuve n'a réussi à m'anéantir. Même pas les rigueurs de l'hiver. Même pas la solitude. Ma joie de vivre enfin en toute sécurité me comblait et me donnait l'impression d'être invincible.

J'eus le privilège de passer trois ans à titre d'éducateur dans un centre d'accueil pour jeunes atteints de déficience intellectuelle. Gagner ma vie dans la bonne humeur, la paix et l'harmonie atténuait la fatigue de poursuivre également, à temps plein, mes études. Je n'aurais pas été capable de m'astreindre à la discipline de ce travail s'il n'avait pas offert à ma créativité la possibilité de s'exprimer librement.

En dépit des avantages de toutes sortes que me procurait un tel emploi, je n'ai pu m'empêcher d'exploser de joie le jour où commença officiellement, en 1974, ma carrière d'enseignant dans ce Québec si vaste et si accueillant. C'était l'heureux aboutissement de quatre années d'enracinement, d'abnégation et d'efforts.

Chapitre 2

Mes trois premières années

L'école Saint-Bernardin

Quel plaisir d'avoir fait mes premières armes dans cet établissement scolaire fréquenté par des jeunes élèves atteints de déficience intellectuelle ! Étudiant au second cycle de l'enseignement supérieur à la faculté d'éducation de l'Université d'Ottawa, me voilà à Saint-Bernardin comme stagiaire. Au bout de trois mois, la directrice d'alors, une femme extraordinaire, chaleureuse, accueillante et souriante me proposa de faire partie du personnel enseignant dès la fin de ma période de stage. Mon premier contrat fut donc signé au début du mois de juin de la même année. Ce qui fit ma joie et celle de mon superviseur, car il a pu se libérer sans heurt pour occuper, à son tour, un poste de directeur d'école dans son village natal.

Le temps passa vite. Cette école fut un véritable milieu de vie. Le personnel était tellement passionné, et animé d'un respect et d'un amour si sincères des enfants, que j'ai pris conscience, en observant attentivement chacun dans sa spécialité, que la profession d'enseignant était l'une des plus nobles et des plus gratifiantes qui soient. Les élèves étaient sans malice et nous invitaient, par leur innocence et par leur bonté naturelle, à nous dépasser et surtout à être dignes de leur confiance. Nos interventions étaient inspirées, le plus souvent, par le désir d'accroître leur autonomie.

Je me souviendrai toujours de deux d'entre eux. Le premier, âgé de quinze ans, s'est aventuré un jour sur le toit de l'école. Il a pu s'y rendre grâce à une échelle laissée momentanément sans surveillance par des ouvriers occupés à exécuter des travaux de réfection dans cette vétuste maisonnette. Il y eut tout un émoi quand ce jeune, Julius, menaça de se jeter dans le vide. Il avait à ses pieds, pour la première fois de sa vie, la directrice, le concierge, les enseignants, les autres élèves; bref, la ville entière. Toute cette foule le rendait euphorique. Il n'avait, à le voir agir, aucune notion du danger. Plus on tentait de le raisonner, plus il riait et prenait plaisir à s'approcher du bord de cette surface plane légèrement inclinée.

Désespérés, certains témoins esquissèrent, à plusieurs reprises, le geste de recouvrir leurs paupières de leurs mains pour ne pas le voir s'écraser sur le sol. En attendant l'arrivée des pompiers, alertés en dernier recours, j'eus tout à coup l'idée d'intervenir. Je levai les bras au ciel en les mouvant lentement tantôt d'un côté, tantôt d'un autre. Son regard ne tarda pas à se poser sur moi. Je lui dis alors :

– Mon ami, avant de plonger dans cette immense piscine vide d'où nous te regardons, je te conseille de prendre le temps de la remplir d'eau. Utilise l'échelle pour descendre de là. Ainsi, tu pourras m'aider à ouvrir le robinet. Veux-tu de l'eau chaude ou de l'eau froide?

– De l'eau froide, me répondit-il.

– Alors, viens me trouver. Rassure-toi, je tiens l'échelle.

Le temps de le dire, Julius, souriant et soulagé, était en sécurité. Son geste fut accueilli par une salve d'applaudissements et de nombreuses accolades. Ce fut pour moi l'occasion de mettre à l'épreuve ce sage conseil de mon père, quelques heures avant mon départ d'Haïti : « Si, en poussant, tu ne réussis pas à ouvrir une porte, peut-être en l'amenant vers toi tu y parviendras. »

Le second élève, dont je me souviendrai toujours, était âgé de seize ans. Il s'appelait Marius. Il adorait les chevaux. Il en prenait soin et en parlait avec une fébrilité rassurante. Il se rendait régulièrement, en compagnie d'un de ses oncles, à un champ de courses situé dans la région de l'Outaouais. Il vantait sans cesse les exploits de Kay Hagen, son cheval, nous confiait-il.

Le brosser, le laver régulièrement, le nourrir jour après jour, participer à la plupart de ses exercices d'entraînement, assister à ses différentes courses, tout cela, loin d'éreinter Marius, le reposait. La passion, qui faisait pétiller de joie ses yeux, semblait le mettre à l'abri de la fatigue. Son ardeur au travail, sa soif de connaître et son désir de se dépasser le différenciaient des autres élèves de cette école spéciale.

Il n'est pas étonnant d'apprendre qu'il fut embauché par le propriétaire d'un grand magasin d'alimentation. Je n'ai pas eu besoin de vanter les mérites de cet élève ni de maquiller ses limites.

Son employeur, un homme à la fois généreux et humain, avait cette aptitude à regarder ce jeune au delà de sa déficience. Il était capable de l'accueillir en tant que personne d'abord. Il lui assigna une tâche à sa mesure et qui le rendit fier. J'ai pu le constater chaque fois que je m'y rendais pour faire mes emplettes.

Chapitre 3

Mutation soudaine

J'ai dû, à regret, changer d'école à la fin de ma troisième année à Saint-Bernardin. Ayant bénéficié d'une bourse d'études d'une durée d'un an de mon employeur de l'époque, la Commission scolaire régionale de l'Outaouais, j'ai complété ma formation en enseignement spécialisé au mois de décembre de l'année 1977. Ainsi, tout en poursuivant d'autres études, cette fois au second cycle de l'enseignement supérieur à la faculté de philosophie de l'Université d'Ottawa, j'ai eu le privilège de signer un contrat avec le Collège de l'Outaouais pour y enseigner la philosophie, du mois de janvier au mois de mai. Cette expérience enrichissante m'a permis d'apprendre que l'étudiant, quel qu'il soit, exige que l'enseignant, en plus de bien maîtriser sa matière, parvienne à la rendre intéressante et compréhensible. Mes étudiants étaient des finissants en administration. La philosophie, ils me l'ont avoué dès la première rencontre, était le cadet de leurs soucis et leur choix aurait été différent si ce cours avait été optionnel. Tout s'est si bien déroulé, et les commentaires des étudiants furent si favorables, que mon contrat fut renouvelé pour la session d'été. Au mois de juin de cette même année, je me suis présenté à Saint-Bernardin, mon école, pour poursuivre ma carrière d'enseignant de français et de mathématique comme avant mon départ. Ah! surprise! Le seul poste disponible était celui d'initiation à la cuisine. J'ai considéré

cette « promotion » comme une invitation à offrir mes connaissances et ma passion ailleurs.

Je me suis dépêché de me rendre au bureau de la directrice pour lui donner ma démission.

Perspicace, elle me demanda à brûle-pourpoint :

– Que puis-je faire pour toi, Serge, car tu n'as pas l'air
heureux de nous quitter ?

– Vous avez raison, madame la directrice, lui répondis-je.
Je pars amer, mais j'ai la certitude, à la lumière de mes
expériences antérieures, que le meilleur m'attend au prochain tournant. J'ai besoin de votre aide pour faire savoir au
directeur de l'école du Ruisseau mon désir d'être engagé par
lui pour occuper un des deux postes d'enseignant de français
actuellement vacants à son école.

Ayant compris que j'étais déterminé à ne pas revenir sur
ma décision de m'en aller de Saint-Bernardin, elle accepta
de répondre favorablement à ma demande et téléphona à
son ami en ces termes :

– Bonjour Roger, c'est Laurence.

– Que me veux-tu ?

– J'ai un bon enseignant pour toi, il vient d'Haïti, c'est
un passionné de l'enseignement.

– S'il est bon, garde-le. J'en cherche un, mais je ne veux
rien savoir de lui.

Aucun des arguments de la directrice, qui ne tarissait
pas de commentaires positifs et d'attestations en ma faveur,
n'a réussi à le faire fléchir.

Sans perdre un seul instant, je me suis empressé de me
présenter au bureau de cet étrange directeur. À ma vue, il
me balança : « J'ai déjà dit à ta directrice que je ne voulais
rien savoir de toi. »

Moi, dont la moindre victoire fut toujours remportée au
prix d'incessantes luttes depuis mon arrivée au Canada, j'étais

résolu à le persuader de prendre une bonne décision en me permettant de faire mes preuves.

Je lui dis d'un ton calme :

– Aidez-moi à comprendre les raisons de votre refus, monsieur le directeur. Moi, c'est pour vous que je veux travailler.

– Pourquoi? me demanda-t-il.

– Parce que je préfère, lui répondis-je, la vérité, même brutale, à la perfidie. J'aime votre franchise. Si vous me respectez comme enseignant, je vous respecterai comme directeur.

– Je t'engage, dit-il laconiquement, comme à regret.

C'était l'époque où les directeurs d'école avaient de bonnes raisons d'être méfiants, car les étrangers et les indésirables, enseignants ou élèves, étaient orientés vers les écoles spéciales.

Son hésitation sera justifiée quelques mois plus tard lorsqu'un haut dirigeant de la commission scolaire lui reprochera d'avoir engagé, par mégarde, un compatriote dont le nom figurait sur leur liste noire. Ce remarquable enseignant avait démissionné, quelques années auparavant, bien sûr à la fin du mois de juin, pour un emploi beaucoup mieux rémunéré au gouvernement fédéral.

Que les temps ont changé! Nous avons appris à nous connaître et nous sommes devenus amis. Nous continuons de nous rencontrer plusieurs fois par année. Nous formons, en effet, une association d'une douzaine de retraités de l'enseignement incluant trois de mes inoubliables anciens directeurs d'école. Nous avons choisi de célébrer la vie et de partager périodiquement un même repas soit chez moi, soit chez l'un des autres membres du groupe, en évoquant avec des éclats de rire les souvenirs les plus cocasses de ces belles années.

Quelle prétention !

Aussi incroyable que cela puisse paraître, mes années passées à enseigner le français et les mathématiques au primaire, le français au secondaire et la philosophie au collège fourmillent de souvenirs de réussites mémorables. Avec notre volonté commune de trouver une solution satisfaisante pour l'ensemble des élèves de la classe et grâce à la confiance mutuelle, nous nous sommes toujours entendus sans heurt, mes élèves et moi.

Par souci d'honnêteté, je tiens à relater deux incidents survenus au fil du temps et dont l'heureux dénouement continue de me remonter à la mémoire.

Le premier a eu lieu au début du mois de septembre de l'année 1978, peu après mon arrivée à l'école du Ruisseau fréquentée par des jeunes âgés de douze à dix-sept ans. Ils souffraient de difficultés d'adaptation à leur milieu. De véritables « petits diables » qui me paraissent aujourd'hui encore sympathiques et attachants.

Ils avaient le don de nous enseigner la patience et surtout l'optimisme, en dépit des apparences. Cette école accueillait quelque quarante élèves répartis en trois groupes.

Dans la première classe, des jeunes de quatorze ans incapables de lire de façon intelligible ou d'additionner deux nombres naturels sans compter sur leurs doigts. À cause de leurs sérieux retards académiques, ils étaient étiquetés comme T.G.A. (troubles graves d'apprentissage). Ils appartenaient au groupe A, sans doute en raison de l'analphabétisme de la plupart d'entre eux.

Une seconde classe regroupait des élèves du dernier cycle de l'enseignement primaire. C'était le groupe B, vraisemblablement parce qu'ils préféraient se battre pour régler leurs différends plutôt que de se parler. C'est dans cette classe qu'on rencontrait également les plus bruyants élèves de l'école.

La troisième et dernière classe était composée de jeunes capables d'apprendre et d'améliorer leur comportement afin de réintégrer leur école d'origine le plus rapidement possible. Ils appartenaient au groupe C. La plupart d'entre eux étaient seulement de passage dans cette école conçue pour les élèves présentant des troubles d'apprentissage, de comportement ou s'écartant plus ou moins de la norme.

Comment décrire l'école du Ruisseau sans mentionner la salle 003? C'était une espèce de classe où il ne se donnait aucun enseignement. Ceux qui avaient choisi sciemment de ne pas se présenter à leurs cours s'y donnaient rendez-vous. Cette salle aurait pu servir de lieu de réflexion si elle avait été plus silencieuse. L'élève de n'importe quel groupe était autorisé, s'il le voulait, à y passer une journée entière à ne rien faire. Par contre, celui qui s'y installait trop fréquemment devait rencontrer son éducateur ou son éducatrice pour tenter de limiter les dégâts. Un système de renforcement encourageait ceux qui étaient récupérables, comme on disait à l'époque, à se présenter plus souvent à leurs cours.

La dimension innovatrice de la salle 003 était inestimable. Sans elle, aucun climat favorable à l'enseignement n'aurait été possible. Même les plus expérimentés ou les plus tolérants parmi les collègues auraient trouvé insensé de consacrer plus de temps à rappeler vainement les élèves au silence et à l'ordre qu'à enseigner.

Malheur à l'enseignant dont le nom figurait sur la liste des surveillants les lundis et les vendredis matin. Les moins motivés des élèves étaient passés maîtres dans l'art de choisir l'heure propice à la mise à l'épreuve du seuil de tolérance des enseignants.

Comme par hasard, un vendredi, peu de temps après mon arrivée à cette école, je devais assurer la surveillance au 003. Le directeur d'alors prit soin de me rappeler à voix haute, en présence de tous les élèves, cette règle d'or : « Personne ne doit quitter cette salle avant le son de la cloche, c'est-à-dire dans une heure exactement. Je le répète, conclut-il, personne. » Puis, il s'éclipsa. Quelques secondes plus tard, le plus téméraire de tous, l'air d'avoir dix-sept ans, alors qu'il n'en avait que quatorze, se leva, quitta la salle et en revint plusieurs fois, sous les applaudissements des autres.

« Défier mon autorité ! Quelle insulte ! » me suis-je dit intérieurement. Tout en gardant mon calme, du mieux que je le pouvais, je surgis dans l'embrasure de la porte. Je lui dis, en prononçant distinctement chaque syllabe : «Ça suffit ! Tu ne sors plus. » Plutôt que d'obtempérer à mon injonction, cet élève, dont la hardiesse s'apparentait à la témérité, choisit sans la moindre hésitation la voie de la désobéissance. Il s'éloigna un peu de moi, se remit à marcher en direction de la porte et entra brusquement en contact avec moi pour tenter d'en franchir le seuil.

Il me fit trébucher. Pour éviter de tomber, je me suis accroché, en désespoir de cause, à un de ses bras. Je parvins, dans mon déséquilibre, à le projeter contre des armoires métalliques placées le long du couloir. Ti- Louis, malgré ses 120 kilos, rentra dans la salle 003 en vociférant.

Il renversa presque toutes les tables qui s'y trouvaient. Tout à coup, il s'empara d'une chaise qu'il lança violemment dans ma direction. Il en relança une seconde, puis une troisième. Furieux de me voir les esquiver, il s'appuya contre une table qu'il glissa rageusement en courant vers moi dans l'intention de me coincer contre le mur.

Sans perdre un instant, je fis alors appel à ses nombreux admirateurs - et complices à la fois - en ces termes : « Y-a-t-il

quelqu'un de plus sensé que lui, ici, pour l'arrêter et l'empêcher de commettre l'irréparable? » Aussitôt dit, aussitôt fait.
Quatre des plus raisonnables du groupe sautèrent littéralement
sur lui et parvinrent à le calmer, du moins temporairement.

La nouvelle de cet incident malheureux ne tarda pas à
faire le tour de l'école et à alimenter les conversations des
élèves des trois groupes.

Je me sentais comme un chevreau déconcerté, sans
défense et sans protection, livré en pâture à de «jeunes fauves»
assoiffés de sang et prêts à planter leurs crocs dans ma
chair qui, à leurs yeux, ne devait pas valoir bien cher.

Comme je ne voulais pas donner l'impression d'avoir été
intimidé par la gravité de l'événement, j'ai préféré demeurer
à l'école jusqu'à la fin de la journée. Arrivé en classe, les
élèves me bombardèrent de questions concernant «l'affaire
003». Je n'ai pas manqué d'insister sur l'inanité de la violence et sur l'importance du dialogue. À ceux qui voulaient
savoir si j'avais eu peur, j'ai répondu que j'avais surtout craint
ma réaction.

En effet, ai-je précisé, aucun adulte, qu'il soit enseignant
ou non, ne souhaite se faire agresser par un jeune de quatorze ans ni être obligé de se défendre, même légitimement,
contre lui. Ce vendredi-là, jusqu'à mon départ de l'école, je
n'ai pas revu Ti-Louis.

À la maison, j'en ai parlé sans relâche tout au long de la
fin de semaine. J'ai même remis en question la poursuite de
ma carrière d'enseignant dans un milieu aussi hostile. Mais
surmonter des difficultés étant l'histoire de ma vie, me suis-
je dit, je parviendrai à relever ce nouveau défi.

Lundi matin, déjà! Je devais, selon mon horaire, assurer
à nouveau la surveillance au 003. Fidèle au poste, je m'y
suis rendu en prenant soin d'apporter avec moi un de mes
livres de chevet, *Les gouverneurs de la rosée*, écrit par Jacques

Roumain, l'un des plus grands écrivains haïtiens du siècle dernier. Je voulais, par la lecture, me divertir, me faire plaisir et tenter de faire fuir les sombres idées qui menaçaient d'envahir ma pensée. À peine arrivé dans cette salle inhospitalière, une meute d'élèves m'attendait. Un inhabituel et inquiétant silence régnait. Avant de m'asseoir, j'examinai avec attention la chaise réservée aux enseignants. J'ouvris mon livre tout en balayant du regard la salle de temps à autre. J'avais la tête adossée à un tableau d'affichage pour m'assurer de pouvoir suivre des yeux tous les élèves. J'avais à peine commencé à me laisser emporter par la prose de mon auteur fétiche que j'entendis de brefs chuchotements :

« Vas-y ! Vas-y ! »

Je fis semblant de ne pas y prêter attention et continuai distraitement ma lecture. Soudain, Ti-Louis se leva, s'avança et se planta devant moi, un long couteau à la main. Il enfonça son arme à plusieurs reprises dans le tableau d'affichage en m'effleurant à chaque fois, tantôt au côté droit de mon visage, tantôt au côté gauche.

Je me demande encore aujourd'hui comment j'ai pu réussir à poursuivre calmement ma lecture sans accorder, du moins en apparence, la moindre importance à ses gestes répétés. L'indifférence totale.

Mon impassibilité le désarma.

Il s'arrêta brusquement et me demanda, étonné :

– N'as-tu pas peur de te faire crever un œil ?

– Non, lui dis-je d'un ton sec, rien ne me fait plus peur. J'ai frôlé la mort plus d'une fois dans mon pays. Je me considère vivant uniquement par accident. Le mot peur a cessé depuis longtemps de faire partie de mon vocabulaire.

Il ne s'attendait tellement pas à une telle réponse qu'il fit deux pas en arrière et baissa le bras dont la main tenait le couteau. Comme il semblait hésitant, je me suis permis d'ajouter :

– Tu dois avoir un problème que tu crois insoluble pour te comporter comme un désespéré !

Ces mots, qui devaient le raisonner, l'enflammèrent plutôt. En effet, il s'éloigna un peu plus de moi et fonça rageusement sur le tableau d'affichage où il laissa de nombreuses et profondes entailles. Quand il eut fini de se défouler, il me dit d'une voix étouffée par un mélange de colère et de tristesse : « Oui, j'ai un maudit problème : mon père est en prison, j'habite seul avec ma grand-mère malade, elle doit être hospitalisée demain et mon travailleur social veut me placer dans une famille d'accueil. Me comprends-tu ? »

Ému par son récit, je me suis approché de lui en disant :

– Je te comprends. Va en parler au directeur, il saura t'aider. Je te conseille de lui remettre ton couteau, selon les règlements de l'école.

Ce qu'il fit, à la surprise générale.

Au cours des semaines suivantes, Ti-Louis était redevenu l'élève le plus doux et le moins menaçant de la classe. Et si quelqu'un s'avisait de me préparer un mauvais tour, il l'en dissuadait.

Depuis cet incident, qui aurait pu avoir une fin dramatique, j'ai pris l'habitude de chercher à comprendre le désarroi intime caché derrière les comportements les plus inacceptables. Sans vouloir excuser son agressivité, j'estimais que la blessure de Ti-Louis était sans doute beaucoup plus profonde que celle qu'il s'apprêtait à m'infliger. Je n'ai jamais eu à regretter mon inclination à la mansuétude après le passage et même les ravages du vent de la violence.

Ma dette envers Ti-Louis

J'avais l'habitude, chaque fois que l'occasion se présentait, de rappeler immanquablement à mes élèves notre privilège, en tant que personnes humaines, de pouvoir réparer soit nos erreurs, soit les torts causés à autrui ou à l'environnement. Ces paroles, Ti-Louis les a bues, savourées et comprises. Elles ont sans doute contribué à favoriser l'éclosion du goût d'apprendre qui somnolait en lui. C'était sa façon d'exprimer son désir de réparation. Ne m'a-t-il pas porté secours alors que j'essayais en vain d'initier un de mes élèves à l'une des quatre opérations mathématiques fondamentales, la soustraction?

Il fallait, par exemple, déduire le nombre 28 du nombre 46. Je les écrivis alors verticalement en attirant l'attention de l'élève sur l'obligation de placer le plus petit en dessous du plus grand. Pour mieux me faire comprendre, je l'ai invité à s'imaginer vouloir cueillir 28 fruits d'un arbre qui en contenait 46. Ayant écrit les deux nombres au tableau, et sûr que les autres élèves avaient appris à soustraire comme moi je l'avais appris, je leur dis :

$$46$$
$$- 28$$

– 8 ôtés de 16, il reste 8 et je retiens 1 que j'ajoute au nombre 2. J'obtiens alors 3. Je poursuivis en disant 3 ôtés de 4, il reste 1. Ma réponse finale est donc 18.

Ayant répété plus d'une fois ce même refrain sans qu'aucun d'eux ne parvienne à me comprendre, je me suis éloigné du tableau noir, le bâton de craie en main et j'ai dit, désespéré : « Est-ce qu'il y a quelqu'un, parmi vous, qui sait comment soustraire et qui accepterait d'expliquer sa démarche à cet élève? »

Pendant un instant, la salle de classe semblait vide tant elle était silencieuse. Pour une rare fois, les élèves sont parvenus à faire moins de bruit qu'une ombre.

Soudain, Ti-Louis qui semblait rêver, le coude appuyé sur le pupitre, la main gauche soutenant le menton qui reposait dans le creux de la paume, se leva prestement et, sans dire un mot, se dirigea vers moi. Il m'arracha littéralement des mains le morceau de craie oublié entre mes doigts. Il ne manqua pas de nous émouvoir quand il déclara : « J'ai mis du temps à l'apprendre, mais ça, je le sais maintenant. »

À la surprise générale, il s'exprima avec une véritable clarté d'esprit en ces termes :

$$46$$
$$- 28$$

– J'ai 46, puis-je en enlever 28?
Réponse : « Oui, j'en ai suffisamment. »
Il ajouta : « J'ai 6 unités, puis-je en enlever 8 unités? »
Réponse : « Non. »
– Alors, poursuivit-il, j'emprunte une dizaine de mon voisin 4 qui ne vaut plus maintenant que 3 dizaines, puis j'ajoute cette dizaine à mes 6 unités qui en comptent maintenant 16...

Ce fut pour moi une révélation. Je l'ai remercié tout en lui confessant mon ignorance de la soustraction par emprunt, comme il l'appelait. Grâce à cet élève, j'ai ajouté une méthode nouvelle de soustraction beaucoup plus compréhensible que celle que j'avais apprise machinalement sans jamais parvenir à me l'expliquer.

J'ai si bien adopté la méthode de Ti-Louis que je l'ai adaptée sous la forme d'une petite histoire racontant l'aventure d'une fourmi. Que lui est-il arrivé? Elle s'appelait madame Unité. Elle voulait organiser une grande fête à laquelle elle rêvait d'inviter plusieurs amis. Malheureusement, elle a constaté, un peu tard, qu'elle manquait de nourriture pour ses nombreux convives. Elle dut s'adresser à sa voisine la plus proche, madame Dizaine, pour un emprunt...

J'ai pris conscience, enfin, des raisons pour lesquelles mon esprit se refusait à répéter, sans rien y comprendre, que je devais, en voyant les chiffres 0, 1, 2, 3, 4, 5, 6, 7, 8, 9 dire 10, 11, 12, 13..., si le nombre à retrancher leur était supérieur.

À mes incessants pourquoi, mes professeurs répondaient sèchement :

« Parce que c'est comme ça. »

Ce n'est qu'à l'âge adulte, à l'occasion d'une journée de formation destinée aux professeurs de mathématique, que j'eus le bonheur d'apprendre que je soustrayais par compensation. Ah ! Que j'aurais aimé avoir compris les raisons pour lesquelles j'ajoutais virtuellement, au besoin, soit une dizaine, soit une centaine ou un millier quand je devais retrancher d'un grand nombre un autre, plus petit. Je n'ai jamais entendu un de mes professeurs de mathématique, encore moins un de mes anciens condisciples, prononcer le mot compensation. Ah ! quelle joie d'avoir eu Ti-Louis dans ma classe et surtout d'être allé à son école !

J'ai travaillé à cet endroit jusqu'à sa fermeture. En effet, au Québec, venait de sonner l'heure de l'intégration à l'enseignement régulier de la plupart des élèves présentant des troubles d'apprentissage, de comportement ou encore des handicaps physiques. Ces années de vie pédagogique au milieu de jeunes révoltés et assoiffés de lumière comptent parmi les plus mémorables et les plus gratifiantes de ma carrière d'enseignant. Pour en faire le deuil, car j'étais réellement en peine, j'ai proposé au directeur adjoint de la Commission scolaire régionale de l'Outaouais, un homme d'une écoute et d'une sensibilité proverbiales, d'immortaliser ce centre scolaire. Mon projet lui paraissait intéressant et utile à la fois. Avec un contrat «d'immortalisation» dûment signé, j'ai donc consacré mes deux mois de vacances d'été à la rédaction d'un texte sur ce que représentait «du Ruisseau» pour certains élèves, pour les autres écoles de la région et pour le personnel en général. Mon manuscrit fut non seulement approuvé par monsieur Paul-Émile Séguin, le directeur adjoint, mais il fut accepté par une maison d'édition (Éditions large vision de l'Outaouais). Tout semblait bien se dérouler jusqu'au retour de vacances du directeur général de la C.S.R.O., monseigneur Bulldozer. Il opposa un refus catégorique à ce projet sous le fallacieux prétexte que ma vision de la fermeture de cette institution scolaire invalidait sa décision, son mandat de sonner le glas, dans l'Outaouais, de toutes ces écoles spéciales. Je ne lui en veux pas. J'ignore le nom du conseiller qu'il a dû consulter avant d'imposer son veto. J'aurais souhaité de sa part, toutefois, un peu de délicatesse, de considération pour mon attachement à ces jeunes et pour toutes ces heures de réflexion passées à tenter de terminer à temps cette recherche-action.

J'aurais pu entreprendre des démarches pour être rémunéré en vertu du contrat signé avec son adjoint. J'aurais pu accepter l'offre de publication que m'avait faite le responsable des Éditions large vision. Non. Ma blessure était trop vive pour envisager une autre issue. Aujourd'hui encore, je me console à l'idée de pouvoir relire le manuscrit, à ma guise, chaque fois que je sentirai le besoin de me faire plaisir et d'évoquer le souvenir de ces belles années à cette école fréquentée par les plus dynamiques et les plus révoltés de mes élèves.

Le Centre hospitalier Pierre-Janet

L'été s'achève. Les portes de l'école du Ruisseau sont bel et bien fermées à tout jamais. D'autres ouvriront, me suis-je dit, puisque la passion m'habite et me sert de guide. J'avais raison d'espérer, car ma bonne étoile m'a conduit au Centre hospitalier Pierre Janet.

C'est à cet hôpital psychiatrique situé à Gatineau, en Outaouais, qu'a eu lieu le deuxième et dernier incident malheureux de ma carrière. Les jeunes, une fois admis, devaient y poursuivre leurs études. Ils étaient donc répartis en trois groupes selon leur âge, leurs symptômes et leurs besoins spécifiques. Dans ma classe, même si j'accueillais les élèves du dernier cycle de l'enseignement primaire, certains, en raison de leur maladie, avaient accumulé plusieurs années de retard par rapport aux autres. Il me fallait respecter le rythme d'apprentissage de chacun. Tout allait bien jusqu'à l'arrivée, au début du mois d'avril, d'une élève que l'obsession de la perfection empêchait de respecter la période de temps prévue pour l'exécution d'une tâche quelconque. Elle effaçait plus d'une fois un même mot dont l'écriture, même très soignée, ne l'était jamais suffisamment à ses yeux. Une véritable calligraphe ! Elle consultait fréquemment le dictionnaire pour s'assurer d'orthographier correctement presque chaque mot qu'elle écrivait. La consigne, dans son cas, dictée par l'équipe thérapeutique, était sans équivoque : aucun exercice scolaire ne devait lui être donné en dehors des heures de classe !

Même si elle en avait été informée, elle me répétait chaque jour, à la fin du dernier cours : « Pas de devoir pour moi, n'est-ce pas ? » Comme elle ne manquait jamais une occasion de me rappeler ce qui paraissait pourtant évident, j'eus l'idée, un certain vendredi du mois d'avril, le 13 curieusement, de semer un peu de doute dans son esprit. À sa question habituelle au sujet des devoirs, ma réponse, ce jour-là, fut la suivante : « Non, mais je t'en donnerai quand tu les mériteras. » Sans prêter attention au sens global de ma phrase, elle me répondit, rouge de colère : « Non, je n'en veux pas. » Même après l'avoir invitée à bien entendre les mots que j'avais employés, elle continuait de s'opposer avec le même acharnement. Les autres élèves, ayant tout compris, se dépêchèrent de quitter la classe. Elle, la dernière à sortir, s'arrêta près de la porte et me dit : « Si tu n'arrêtes pas d'insister pour me donner des devoirs, je vais dire à mon père que tu m'as fait des choses. »

Tout à coup, le film *Les risques du métier*, réalisé en 1967, sous la direction du metteur en scène André Cayatte, mettant en vedette Jacques Brel dans le rôle d'un jeune enseignant, est revenu à ma mémoire. Sans perdre un seul instant, j'ai invité cette élève à m'accompagner au bureau de son éducateur. Celui-ci, un homme extraordinaire, lui demanda de raconter ce qui venait de se passer. Elle répéta textuellement sa menace. À la fin de cette rencontre improvisée, ma décision était prise : ton retour en classe, chère demoiselle, est conditionnel à une rencontre préalable avec tes parents.

En effet, dès le lundi matin, son père nous fit l'honneur de sa présence. Elle redit exactement les mots qu'elle avait prononcés le vendredi précédent. Soulagé, je l'ai félicitée pour son courage et l'ai priée de ne plus recommencer, car les conséquences, pour la personne faussement accusée, pourraient être graves. La surprise est venue de son père qui, n'ayant rien dit depuis le début de nos échanges, s'adressa à sa fille et lui demanda d'un ton ferme :

– Si j'ai bien compris, ce que tu avais dit de ton autre professeur de français, avant ton hospitalisation, était faux ?

– Oui, répondit-elle.

Ainsi prit fin cette rencontre salutaire et révélatrice. Depuis ce jour, non seulement j'enseigne en tenant ouverte la porte d'entrée de ma salle de classe, mais je fais sortir les élèves tous en même temps. Je continue également de garder une saine distance entre mes élèves et moi.

C'est à cet hôpital psychiatrique, où j'ai enseigné pendant plus de vingt ans, que j'ai connu les moments les plus mémorables de ma carrière. Le contexte ayant été propice à un enseignement individualisé, j'ai demandé à chacun de mes élèves de mémoriser dix mots par jour. Ils devaient ensuite les insérer dans cinq phrases distinctes et les lire à tour de rôle à haute voix, en classe, au début du cours de français. Ceux qui s'y opposaient d'abord, ont figuré parmi les premiers à insister, au fil des semaines, pour en lire davantage, car ils écrivaient parfois six, sept et même dix phrases. Ils apprenaient, de cette façon, sans s'en rendre compte, les principales règles de la grammaire et s'étonnaient de l'étendue et de la richesse de leur imagination.

Leur fierté de lire quotidiennement leurs cinq phrases était évidente. Ils développèrent ainsi le goût d'écrire. La journée du vendredi était consacrée à la grande dictée. Je prenais soin de sélectionner deux des plus belles phrases écrites par chacun d'eux durant la semaine. Ils s'efforçaient de les transcrire toutes du mieux qu'ils pouvaient. Leur joie d'apprendre était aussi intense que celle que je ressentais, moi, à leur enseigner.

J'ai toujours cru qu'il était possible d'accorder une place importante à la notion de plaisir dans la plupart de nos apprentissages.

En plus de leur besoin d'apprendre, mes élèves m'ont fait constater leur besoin de découvrir, d'expérimenter. J'ai tenté, du mieux que je pouvais, de créer dans ma classe les conditions favorables à la découverte de notions nouvelles et à la mise à l'épreuve des connaissances, soit en mathématiques, soit en français.

J'ai également appris, à cet hôpital psychiatrique, à accompagner efficacement des enfants blessés par la vie. Je les considérais comme des oiseaux tombés du nid et dont les ailes, encore fragiles, les empêchaient de s'envoler. Je me suis donc évertué à les apprivoiser, à nouer un lien de confiance entre eux et moi. Une fois ce rapport établi, je proposais à ceux qui le voulaient de jouer au «veux-tu ? »

De quoi s'agissait-il ?

Tout se passait avec une chaise pour unique matériel. Je demandais alors à un élève consentant de se tenir debout près de celle-ci. Je lui disais ensuite, respectueusement : « Veux-tu t'asseoir ? » S'il s'asseyait, j'ajoutais aussitôt : « Veux-tu te lever ? » Habituellement, aucun élève ne s'y opposait puisque l'invitation était faite poliment, sous forme de jeu. Puis, je posais la question suivante : « Pourquoi t'es-tu assis, ensuite levé ? » La réponse la plus courante était la suivante : « Parce que tu me l'as demandé. »

Je reformulais alors ma question, en insistant sur les deux premiers mots de la phrase : « Veux-tu te lever ? » puis : « Veux-tu t'asseoir ? » La plupart du temps, les élèves répondaient : « C'est à cause du «veux-tu » ou encore : « Parce que je le veux. »

Je prenais le temps de les féliciter pour leur bonne réponse à ma question. Je mettais en évidence leur chance de pouvoir prendre conscience de cette extraordinaire faculté reçue en héritage, la volonté. Je leur demandais de se fermer les yeux pendant un instant et de goûter par la pensée à cet allié extraordinaire qui les accompagnera tout au long de leur vie. Je concluais alors par ce souhait : « Désormais, si l'un de vous, ayant les capacités nécessaires, choisit librement ce qui ne dépend que de lui - comme apprendre, s'écouter, réussir ou se respecter - il lui suffit de le vouloir et de prendre les moyens pour l'atteindre. »

Combien de fois me suis-je fait demander, souvent à voix basse, par un «initié», témoin du manque d'ardeur au travail d'un élève nouvellement arrivé dans la classe :

« Veux-tu faire le "veux-tu" avec lui? »

Heureux, je répondais :

« S'il veut se faire aider, je suis prêt à l'initier, à l'instant même! »

Cela suffisait, habituellement, pour éveiller la curiosité de l'élève visé. Son initiation au jeu «veux-tu » ne se heurtait alors à aucune résistance.

C'était ma façon de dire à mes élèves que j'avais besoin de leur collaboration pour les accompagner sur le chemin de la réussite et les aider à s'améliorer. Je me suis engagé, du même coup, à ne m'adresser qu'à la partie saine en chacun d'eux. Il m'est arrivé plus d'une fois de dire à l'un ou l'autre des rares étudiants récalcitrants égarés dans ma classe : «Écoute-moi bien. Dis à la partie en toi qui est capable de rester calme, d'écouter attentivement et de comprendre que je voudrais lui parler respectueusement. » L'expérience de la volonté, leur ai-je dit, leur a facilité la prise de contact avec ce pouvoir qui est en eux et qui les aidera à choisir librement ce qui est propre à favoriser leur développement harmonieux.

Un autre petit jeu symbolique s'ajoutait au «veux-tu ». C'était «la semence invisible ».

En quoi consistait-il ?

J'invitais, à l'instar du jeu précédent, l'un des jeunes à fermer les yeux et à s'imaginer recevoir, comme s'il s'agissait de fines gouttelettes de pluie, la semence du «goût d'apprendre ». Je lui demandais alors de se détendre et de rester immobile pour faciliter son absorption. Il devait, par la suite, serrer les poings dès les premières sensations d'imprégnation.

Après les applaudissements et les félicitations d'usage, je complétais ce jeu par une phrase que la plupart des élèves de ma classe ont apprise par cœur, au fil des jours : « Désormais, toi qui as reçu cette semence symbolique, tu possèdes en toi toutes les ressources nécessaires afin de réaliser tes rêves les plus chers et les plus conformes à tes goûts et à tes capacités. » Aussi incroyable que cela puisse paraître, tous ceux qui se sont prêtés à ce jeu ont connu une transformation radicale. Bien sûr, il n'existe aucune formule magique pour faire croître l'intelligence de quelqu'un. Les récipiendaires de la semence symbolique étaient assez intelligents pour comprendre qu'en prenant contact avec la partie la plus lumineuse de leur être, ils finiraient par retrouver le goût de progresser et de se dépasser. L'un d'eux, surpris de son regain d'intérêt pour l'apprentissage, répétait sans cesse à qui voulait l'entendre : « J'ai retrouvé le goût d'apprendre. » Et même quelques années après son départ de ma classe, pour m'aider à le reconnaître, il s'identifiait ainsi : « C'est moi, le goût d'apprendre, t'en souviens-tu ? » Il était méconnaissable tant la joie qui émanait de son cœur pétillait dans ses yeux.

J'ai eu l'occasion de «semer le goût de vivre » à un jeune de douze ans qui m'avait confié par écrit son projet de mettre fin à ses jours. Il était si en colère contre son agresseur, le nouvel amant de sa mère, qu'il voulait répéter sur lui-même la violence subie.

Il se disait blessé et meurtri de toutes parts. Pour augmenter l'efficacité de ma «semence invisible», je lui ai suggéré de penser à une personne, à un animal ou à une cause quelconque qui justifierait son désir de rester en vie. Après un profond soupir et quelques instants de silence, il secoua la tête et s'efforça de sourire avec dans ses yeux des larmes qui brillaient. Il ne tarda pas à écrire à son père biologique qui lui rendit visite et s'engagea à être désormais présent dans sa vie.

À ces deux jeux symboliques s'ajoutaient quatre autres ingrédients qui contribuèrent à rendre plaisante ma tâche d'enseignant.

Tout d'abord : « L'invitation à faire du neuf. »

En effet, le neuvième jour de chaque mois, j'incitais mes élèves à se fixer un nouvel objectif et à tout mettre en œuvre pour l'atteindre. Les agréables et nombreuses surprises qui en découlèrent m'ont convaincu de la nécessité d'offrir à chacun d'eux beaucoup plus d'opportunités d'agir en tant que personnage central de sa propre croissance, contribuant ainsi à développer son intériorité ou du moins à lui en faire prendre conscience.

Le deuxième ingrédient peut se résumer en deux mots : « Les histoires. »

Je profitais des moindres occasions pour offrir en cadeau à mes élèves le récit de petites histoires de circonstances, inspirées du moment. Je leur disais par exemple : « Ce que tu viens de me confier ou ce que tu vis actuellement me fait penser à une histoire similaire dans laquelle un jeune de ton âge, etc. »

C'était ma façon de suggérer des solutions, d'ouvrir des portes, de proposer de nouveaux horizons sans blesser l'autre et sans avoir à me buter à des résistances. Par leur façon d'écouter le récit, d'acquiescer de la tête et de participer à la réflexion, je sentais, je voyais et je savais pertinemment que le message avait atteint sa cible.

Le troisième ingrédient est joyeux. Il se nomme : « La célébration. »

Je fêtais, en présence de témoins significatifs, les moindres victoires des élèves, leurs moindres réussites ou progrès. Qu'il s'agisse d'un sourire observé sur un visage souvent triste ou d'un élève qui était parvenu à travailler en silence quelques minutes de plus que d'habitude, j'en faisais publiquement l'éloge. Je me souviendrai toujours de cet élève de douze ans à qui j'avais demandé de quitter la classe à la suite d'un de ses comportements inacceptables. Il se leva brusquement, prit la direction de la porte et juste avant d'en franchir le seuil, me lança, rouge de colère :

– S'il n'y avait pas les maudites conséquences, je t'aurais dit de manger de la... espèce de...

À son retour, après avoir constaté qu'il avait retrouvé son calme et avoir entendu ses excuses pour tous ceux qu'il avait offensés, je me suis adressé à lui en ces termes :

– Aujourd'hui, je tiens à souligner tes progrès de façon particulière, en présence de tous. Je dois commencer par te remercier d'avoir pris soin de mentionner, sans me les dire à moi, les mots que tu aurais employés s'il n'y avait pas les maudites conséquences. En plus d'avoir fait preuve de retenue, tu as su rester poli en sortant de la classe sans faire claquer la porte. Que de progrès en si peu de temps ! Je t'en félicite et t'invite à continuer de remporter d'autres victoires sur toi-même.

Le dernier ingrédient s'avère indispensable : « La reformulation réparatrice. »

Tel un refrain, l'invitation à la réparation d'un éventuel tort revenait sans cesse dans la plupart de nos conversations. Dès que j'entendais une expression inadéquate ou que j'avais eu vent d'un acte répréhensible, je faisais appel à la reformulation réparatrice. J'utilisais alors la maïeutique, la méthode du grand philosophe Socrate, qui faisait « accoucher les esprits des pensées qu'ils contiennent sans le savoir ». Ainsi, chaque fois que j'entendais un élève parler d'un autre en des termes irrespectueux, j'intervenais immédiatement et lui posais une question propre à l'orienter vers un choix de mots moins blessants et plus appropriés. À Paul, par exemple, qui racontait ce qui venait d'arriver à la «grosse» de telle ou telle classe, je posais la question suivante :

– A-t-elle un nom, cette élève dont tu parles ?

Je ne laissais aucun d'eux désigner un adulte ou un camarade de jeux ou de classe par son apparence physique, par sa langue maternelle, par la couleur de sa peau sans l'inviter à donner la primauté au nom de la personne en question (l'Anglaise, le Portugais, la Noire...). Combien de fois ai-je demandé à mes élèves de reformuler une demande exprimée soit en termes négatifs, soit en termes injurieux ou sur un ton menaçant ? La façon de dire, leur répétais-je souvent, vaut autant que ce qu'on dit. Mes élèves savaient que je souffrais d'allergie chronique à toute forme d'impolitesse. J'avais tellement de respect pour chacun d'eux et pour moi-même qu'il m'était impossible de rester indifférent à leurs écarts de conduite et de langage.

À Lise, une élève très timide qui refusait de répondre à une question sur une règle de grammaire qu'elle maîtrisait ou de tenter une démarche de résolution d'un problème d'algèbre, je me suis contenté de demander : « Si tu trouvais la bonne réponse, quelle serait-elle ? »

Perplexe, elle répondit correctement, du premier coup. J'ajoutai alors : « Parfois, il est préférable d'essayer, de tenter sa chance, de se fier à son bon sens et à son intelligence plutôt que de s'abstenir de chercher. »

Fondements théoriques

Quels sont les fondements théoriques de mes interventions auprès de mes élèves ?

Le premier élément m'a été proposé par le père Yvon Saint-Arnaud et formulé en latin : «*Agere sequitur esse*», c'est-à-dire «l'agir suit l'être ». L'évidence de cette affirmation, mon credo pédagogique, semble avoir échappé à quelques adeptes du behaviorisme, une théorie considérée, à tort, comme la psychologie du comportement. Tous les intervenants, qu'ils soient patients, éducateurs, travailleurs sociaux, psychologues ou enseignants, sont invités, dès aujourd'hui, à se demander si l'obsession du comportement désiré, attendu, n'a pas occulté l'essentiel. Autrement dit, pourquoi ne pas se soucier de nourrir l'être pour y faire naître une conscience d'être, y installer les bases d'une certaine intériorité et augmenter ainsi l'intensité de la petite lumière enfouie en chacun ?

Les techniques employées pour le dressage des animaux, «stimulus-réponse», ne devraient pas être systématiquement expérimentées sur les enfants qu'on a le devoir d'éduquer. L'expérience prouve qu'en invitant une personne humaine à prendre conscience de sa valeur, de ses capacités et de ses richesses intérieures, les chances d'obtenir une modification de son comportement augmentent davantage qu'en tentant de créer autour d'elle un ensemble de réflexes conditionnés. C'est sur la base de cette conviction que reposent à la fois ma philosophie de l'éducation et mes méthodes d'enseignement. La façon la plus efficace, quant à moi, de vous les faire connaître consiste à évoquer quelques-uns de mes souvenirs en tant qu'enseignant au Québec.

J'ai eu la chance de faire la connaissance, à Pierre Janet même, d'un sage compatriote qui y enseignait depuis plusieurs années, M. Gamar. Il ne tarda pas à devenir mon conseiller, mon ami, mon modèle. J'en ai aussi rencontré un autre, le grand Serge, travailleur social, dont l'intégrité et la soif de justice lui ont mérité l'enviable réputation d'ardent défenseur des enfants.

J'ai eu également l'occasion de me lier d'amitié avec plusieurs psychiatres. J'ai été particulièrement impressionné par l'un d'entre eux, cofondateur du département de pédopsychiatrie de cet hôpital. Son calme, sa perspicacité, son profond respect de la personne, sa prudence et la justesse de ses diagnostics le caractérisaient. Je me souviendrai toujours d'une de ses interventions après qu'un membre de l'équipe thérapeutique lui eut suggéré de prescrire du Ritalin à un jeune de douze ans parce que, selon lui, cet enfant souffrait d'un trouble déficitaire de l'attention avec hyperactivité. D'un ton calme et rassurant, ce sympathique psychiatre nous raconta, en guise de réponse, l'histoire suivante : « Dans un conte soufi, il est question d'une cité d'aveugles assiégée par une armée qui possédait une arme nouvelle, un puissant éléphant. Le roi de la cité demanda des volontaires pour aller découvrir ce monstre.

Au retour des espions, toute la population se rassembla sur la place publique pour entendre la description de l'arme nouvelle. Le premier espion qui avait touché à l'oreille de l'éléphant affirma : « C'est une grande chose rugueuse, large et légèrement flexible comme un tapis. » Le second qui avait tâté la trompe dit : « Mais non, ça ressemble plutôt à un tuyau vide. » Le troisième qui avait exploré une patte objecta qu'il s'agissait d'un solide pilier. Des rapports aussi contradictoires s'accumulèrent quand les autres aveugles s'exprimèrent. (Tiré des *Allégories thérapeutiques*, de Jean Monbourquette).

Je ne pouvais m'empêcher de penser tout-à-coup à Luc, un de mes élèves, et à son constant besoin de bouger. J'ai compris alors l'urgence d'en tenir compte et d'y répondre adéquatement et respectueusement. Je me suis engagé à modifier positivement ma perception de lui. J'ai dû recourir à mon imagination pour lui proposer un environnement propice à son plein épanouissement. Je lui racontais régulièrement des histoires mettant en scène Bougeotte, un petit chat très affectueux.

Plus le temps passait, plus il prenait conscience des conséquences de son besoin particulier sur l'ensemble de la classe. Il finit par accepter de collaborer non seulement à la recherche de solutions pour améliorer son comportement en général, mais aussi pour améliorer ses relations avec les autres.

Je le choisissais très souvent pour écrire au tableau les phrases que je dictais quotidiennement en classe. Il était également responsable d'arroser les plantes, de vérifier s'il n'y avait que des matières recyclables dans le récipient réservé à cette fin, etc. Plutôt que de me borner à ne voir que son hyperactivité, je le considérais désormais comme un jeune débordant d'énergie et qui faisait appel à ma patience et à ma croyance en ses capacités réelles.

Ce fut ma première leçon à l'école de ce psychiatre et des autres avec lesquels j'ai eu le bonheur de travailler. J'y ai poursuivi ma formation en me nourrissant de leurs conseils, de leur sagesse et de leur science. Indistinctement, tous ces compétents et chaleureux professionnels de la santé mentale m'ont toujours encouragé et guidé dans mes efforts pour répondre le plus efficacement possible aux besoins de mes élèves qui fréquentaient le centre scolaire de cet hôpital psychiatrique.

Pour des raisons de confidentialité, je ne mentionne aucun nom de mes différents maîtres psychiatres. Je garde de chacun d'eux un souvenir lumineux et je leur exprime, une fois de plus, toute ma gratitude.

Ma joie d'enseigner s'est accrue, au fil des jours, en raison de la présence d'une équipe multidisciplinaire au service de l'enfant. J'enseignais en pédopsychiatrie. C'est là que j'ai appris, dans la pratique quotidienne, la vacuité des beaux principes pédagogiques priorisant les besoins du groupe quand l'individu est négligé. Il devenait urgent de créer un milieu qui me permettrait d'être présent à chacun des élèves de ma classe tout en maintenant mon attention pour l'ensemble du groupe. Je savais, heureusement, que pour devenir efficace, il me fallait accepter d'apprendre mon métier à l'école de mes élèves. Alors, dès les premières semaines, j'ai sollicité leur collaboration pour choisir les interventions d'ordre disciplinaire qui leur semblaient les plus appropriées eu égard à leurs expériences antérieures et à ma responsabilité d'enseignant.

Cette démarche de consultation auprès des étudiants, je l'entreprenais au début de chaque année scolaire. Elle permettait de démythifier l'image de l'enseignant «détenteur du savoir et de tous les pouvoirs, le maître». Cette implication de l'apprenant lui rappelait également sa part de responsabilité dans son processus d'apprentissage.

Chapitre 4

À l'écoute de mes élèves

Un défi de taille

Un beau matin, alors que je mettais en évidence leur chance d'avoir vu le jour au Québec, où l'obligation d'aller à l'école s'accompagne de moyens adéquats pour s'y rendre, un jeune d'une douzaine d'années environ m'interrompit. Il m'avoua sans ambages : « Monsieur, moi, je n'aime pas l'école. » Je lui répondis aussitôt : « Moi non plus ! » La réaction des autres ne tarda pas : « Comment ça, monsieur ? »

Moi qui attendais depuis longtemps une telle occasion de transmettre mon message, je ne me suis pas fait prier. Le fixant dans les yeux, je lui ai confié que sa perception était juste et que l'école n'était pas aimable. J'ajoutai que je n'aimais pas l'école telle qu'il la connaissait, telle qu'il la percevait.

Comme ils écoutaient tous, attentivement, je leur dis en guise de conclusion : « Que vous la détestiez ou non, l'école, elle, vous aime inconditionnellement et vous ouvre ses portes, beau temps mauvais temps, telle une maman saine d'esprit. » Cette dernière remarque laissa tous les élèves perplexes. L'un deux murmura entre ses dents : « C'est la première fois qu'une chose m'aime. » J'en profitai pour solliciter leur collaboration, leurs propositions afin d'embellir l'école, la rendre attrayante, désirable.

Soudain, une autre petite voix, celle de Fany, une jeune fille de dix ans, m'interrompit et m'informa :

« Moi, je ne suis pas bonne. Tu verras, je ne suis pas capable d'apprendre. Je ne veux pas apprendre... » Tout en gardant le contact avec le reste du groupe, je me suis approché d'elle et je lui ai accordé plus d'une quinzaine de minutes de présence silencieuse et d'écoute. Elle se référait à son vécu antérieur et à ses croyances. Je me contentais d'harmonier ma respiration avec la sienne et de prêter attention à ses moindres gestes, à ses moindres soupirs. Ce simple procédé eut pour effet de l'apaiser et de la rendre plus réceptive. À ma question : « Que veux-tu pour toi cette année ? », elle répondit : « Je ne sais pas. » Mes rares interventions avaient pour but de la ramener à elle-même et à ses besoins.

La voilà qui baisse les yeux et qui tourne complètement la tête, fuyant mon regard. Qu'ai-je dit ou fait de mal ? Je venais à peine d'exprimer clairement ma joie de l'avoir dans ma classe et d'être le premier homme à lui enseigner. Ayant été informé de ses expériences malheureuses avec son père, je savais que ma présence ne la laisserait pas indifférente. J'ai donc pris soin de garder une certaine distance par rapport à elle pour éviter de paraître à ses yeux trop envahissant ou même menaçant.

Ce n'est pas un hasard si tout mon discours mettait l'accent sur la notion de respect envers soi et envers les autres.

Au cours des deux premières semaines de classe, j'ai dû me plier à certaines de ses exigences formelles : « Tu peux t'asseoir à côté de moi pour m'apprendre à lire, mais pas en face de moi et surtout ne me regarde pas. » Même si je lui parlais à voix plutôt basse, elle m'avertissait en ces termes : « Ne me crie pas dans les oreilles quand tu m'adresses la parole. »

Dès la troisième semaine, Fany m'accordait déjà le droit de la regarder dans les yeux et de m'asseoir en face d'elle pour les exercices de lecture. Je l'ai félicitée d'avoir pris soin de m'aviser dès le début de l'année de ne pas m'asseoir en face d'elle et de ne pas la regarder. Je l'ai encouragée à conserver cette bonne habitude d'exprimer clairement ses besoins.

J'ai ajouté que moi aussi j'avais des propositions à lui faire pour améliorer son image d'elle-même et son rendement scolaire et que je les soumettrais seulement au moment où elle se sentirait prête à les entendre. Comme il fallait s'y attendre, elle me pressa de lui en parler. Tout d'abord, j'ai conclu un marché avec elle : « Tu gagnes un jeton chaque fois que tu diras «je veux essayer » à la place de «je ne suis pas capable ». Je savais que les fréquents messages d'incompétence qu'elle répétait étaient dotés d'un pouvoir davantage inhibiteur qu'exaltant. Aussi, ayant été avisé par sa psychologue que cette élève avait l'intelligence suffisante pour apprendre, j'ai choisi d'entreprendre avec elle un changement de croyance. Cette démarche fut profitable puisqu'elle accepta, dans un premier temps, de faire «comme si elle était capable d'apprendre », par respect pour elle-même d'abord, et ensuite, pour ma confiance en ses capacités. Certaines convictions inspirent et invitent au dépassement de soi, tandis que d'autres empêchent de se développer pleinement.

Au bout de quelques mois, elle avait adopté un tout nouveau langage : au début d'une tâche nouvelle, ou quelque peu difficile, elle s'arrêtait, respirait profondément et se disait à voix basse : « Je suis capable », « Je vais rester calme même si c'est difficile. » Je dois ajouter que j'avais entrepris avec elle auparavant, pendant des semaines, quelques exercices de visualisation et de souplesse interne. J'avais proposé également à tous les élèves de la classe d'exprimer désormais leurs désirs et leurs objectifs en termes positifs.

Par exemple, au lieu de dire : « Je veux arrêter de crier », il est préférable de remplacer cette phrase par « Je veux parler calmement. » Ces techniques nouvelles m'ont été enseignées lors de mon année de formation en communication. Je tenais à améliorer constamment ma capacité de communiquer avec les élèves, même dans les situations les plus difficiles et les plus désespérées. Comment accompagner efficacement quelqu'un sur le chemin de la croissance sans réussir à entrer en rapport avec lui pour le rencontrer sur son propre terrain ? J'avais le goût, il faut l'avouer, de confronter la Fany qui était sous mes yeux avec celle décrite dans le plus récent rapport scolaire, daté du 27 mai 1988.

Elle était présentée comme «n'ayant pas la disponibilité d'esprit nécessaire pour apprendre et se situant, quant au développement intellectuel, au niveau de la maternelle et de la première année, malgré ses dix ans ».

Comment ne pas me réjouir d'avoir appris que «chaque être humain porte en lui-même toutes les ressources nécessaires pour croître et se réaliser entièrement en accord avec le milieu dans lequel il évolue »? Il va sans dire, désormais, que ma préoccupation première consistait à la guider dans la découverte d'une nouvelle image d'elle-même, plus belle et plus valorisante. Je profitais des moindres occasions pour la féliciter : tantôt pour sa ponctualité, tantôt pour la brièveté de ses crises de colère, pour son respect des règlements en classe, pour sa chaise qu'elle avait déplacée tout en respectant le silence, pour la gomme à effacer qu'elle avait prêtée à un autre étudiant, pour sa main qu'elle avait placée devant sa bouche en bâillant, etc. J'ai eu l'idée de dresser avec elle la liste des qualités qu'elle aimerait retrouver dans la nouvelle jeune fille qu'on se préparait déjà à fêter, dans quelques mois, à l'occasion de son onzième anniversaire de naissance.

C'est au cours de cet exercice que j'ai pu découvrir que les ressources se trouvaient réellement en elle. La Fany imaginée par elle serait une jeune fille avec un corps séduisant, en santé et possédant de très beaux yeux. Elle serait intelligente, saurait lire, écrire et compter jusqu'à mille.

– Est-ce qu'elle serait respectée ? lui demandai-je.

– Oui, personne ne la toucherait, me répondit-elle spontanément.

Au début, je sentais qu'elle se regardait avec mes yeux et se débattait pour s'assurer que ma perception d'elle, comme étant digne de respect, resterait telle, quoi que les autres intervenents aient pu dire au sujet de ses comportements inquiétants lors des rencontres d'évaluation. J'entends par là ses rares jeux aux allures sexuelles avec d'autres jeunes de son âge. Chaque fois, elle prenait soin de m'en parler elle-même en ajoutant : « Tel jeune a voulu faire des choses avec moi, mais j'ai su l'amener à me respecter. »

Chaque fois, je commençais par la remercier de m'en avoir parlé et de s'être garanti le respect. Elle avait besoin de savoir qu'à mes yeux elle était perçue comme une petite fille «capable de rester debout », comme je me plaisais à lui répéter. Je savais que le chemin de l'acquisition de l'estime de soi serait très long dans son cas. J'étais convaincu également que rien ne pouvait altérer ma confiance dans sa capacité de changer cette image d'une « petite fille indigne de respect et incapable de dire non en certaines circonstances ».

J'avais aussi entrepris quotidiennement un compte à rebours qui devait nous conduire au jour tant attendu où elle atteindrait ses onze ans. Le sourire aux lèvres, elle me disait : « Il reste 30 jours, 29 jours, 15 jours » et ainsi de suite. Et s'il lui arrivait de bouder un peu ou de se montrer impatiente au cours de certaines activités, je lui disais : « Je sais pourquoi tu te comportes de cette façon-là. »

– Pourquoi?, me demandait-elle.

Je lui répondais :

– C'est parce que Fany n'a pas encore onze ans, car quand elle les aura, elle pourra s'exprimer plus posément et acceptera qu'on lui dise non sans faire de crise, c'est-à-dire en restant calme, en dépit d'éventuelles déceptions rencontrées sur le chemin de la vie.

À ma grande surprise, elle eut à me répéter souvent, les larmes aux yeux, dans ses moments de frustration :

– Pourquoi dis-tu que je suis en colère ? J'ai de la peine, simplement, mais je ne suis pas fâchée.

Je n'en croyais pas mes oreilles. Je présentais alors malicieusement mes excuses, en ajoutant que j'avais mal observé et qu'à l'avenir j'éviterais de parler sans prendre le temps de bien l'examiner. Habituellement, elle se dépêchait de sécher discrètement ses larmes du revers de la main et continuait de fonctionner comme si rien ne s'était produit.

Elle avait presque toujours la tête baissée, qu'elle fût assise ou en train de marcher. Je lui ai proposé de changer cette posture, avant ses onze ans. Elle accepta. Je lui ai demandé, à la blague, si elle me permettrait d'attacher ses cheveux à un fil imaginaire et d'en accrocher le bout au plafond de façon à garder sa tête haute comme les stores qui ornaient les fenêtres de la salle de classe. Un large sourire accompagna sa réponse affirmative. Depuis, le rituel était installé : elle s'arrêtait au seuil de la porte d'entrée de ma classe au début de chaque cours. Elle accentuait volontairement l'inclinaison de sa tête vers le plancher et me demandait d'accrocher le fil imaginaire à la partie supérieure du tableau avant de lever la tête. S'il lui arrivait de la baisser avant la fin du cours ou ailleurs pendant la journée, il me suffisait d'esquisser le geste habituel de la main pour qu'elle se redresse. Je ne manquais pas de continuer de la féliciter aussi souvent que possible pour sa nouvelle posture et pour la réussite dans ses efforts à porter son regard loin devant elle.

Ainsi, nous avions pris le temps de dresser le bilan des victoires successives : victoire sur son langage en termes de «je vais essayer» plutôt que «je ne suis pas capable», victoire sur sa nouvelle perception d'elle-même, victoire sur son souci de se faire respecter, victoire sur le contrôle de ses crises et enfin victoire sur sa posture.

À la lumière de toutes ces réussites, nous avons décidé, elle et moi, de nous lancer à la poursuite de nouvelles victoires. Elle me demanda soudain : « Serge, penses-tu qu'un jour, je pourrai apprendre à lire "comme du monde"? » Sans hésiter, je lui proposai de procéder de la même façon que pour les autres victoires, c'est-à-dire d'essayer et de faire comme si elle en était capable. Pour cela, j'ai ajouté qu'elle devait s'engager à se respecter en prouvant sa volonté évidente d'apprendre à lire malgré l'effort que nécessite une telle entreprise. Encore une fois, la visualisation nous a été d'un précieux secours.

Elle a commencé par se créer de belles images en se fermant les yeux et a accepté de se voir souriante, détendue et fière de lire avec assurance. Chaque jour, elle se répétait à voix basse, dans un climat de relaxation et de détente, cette phrase : « Comme je vais être heureuse et fière quand je serai capable de lire et de comprendre ce que je lis. » Elle ajoutait pour terminer : « Je veux lire et je sais que j'en suis capable. »

Pour débuter son apprentissage de la lecture, vu qu'elle savait déjà écrire son nom et qu'elle pouvait reconnaître quelques lettres de l'alphabet, les premiers sons que je lui ai enseignés furent formés à partir de la première syllabe de son nom. Exemple : Fafa – Fofo et ainsi de suite. En puisant dans des mots qui étaient significatifs pour elle, nous avons formé une banque de mots aux sons parfois bizarres, mais toujours perçus comme une étape transitoire vers la découverte et la reconnaissance de mots dont les référents seraient réels et concrets. Exemple : Papa-Bobo-Dodo.

Ce fut très amusant et captivant parce qu'elle avait réalisé, au fil des semaines, qu'elle était capable de jouer avec les mots. Elle prenait conscience de ses progrès. En l'espace de trois mois, elle avait appris et mémorisé tous les sons du programme de première année, à raison de trente minutes consacrées quotidiennement à la lecture. Comme elle confondait les sons ou et on, elle a résolu le problème en se fermant les yeux, en projetant les deux sons sur un écran imaginaire et en donnant à chacun une couleur différente. Elle disait, tout en gardant les yeux fermés : « Je vois le son «ou» avec du rouge fluorescent et le son «on» avec du jaune comme un crayon. » Fait surprenant, durant les premières semaines qui suivirent cet exercice, elle hésitait encore quand elle devait lire «mouton» ou «bouton». Alors, je l'invitais à se fermer les yeux pour mieux voir la couleur qu'elle avait associée au son qu'elle désirait. Sans la moindre hésitation, elle les fermait à peine quelques secondes et le son juste était trouvé.

Elle a procédé de cette façon pour la plupart des sons nouveaux en lecture et pour la mémorisation des tables d'addition. En moins de six mois, cette petite fille qui marchait la tête baissée et qui rasait les murs des couloirs, les bras croisés derrière le dos, cette même petite fille avait désormais du soleil plein les yeux, se déplaçait d'un pas sûr et prenait contact avec son monde intérieur. Elle avait développé sa mémoire à court et à long terme. Elle avait appris à ne plus inverser les lettres en écrivant son nom. Elle récitait chaque jour cinq nouveaux mots de vocabulaire. Elle écrivait des dictées de phrases de plus en plus complexes sans trop de fautes. Elle récitait à la perfection ses tables d'addition. Elle additionnait avec retenues, sans se tromper. Elle réussissait à résoudre des soustractions avec emprunt, sans erreur. Au cours du mois de juin, elle avait commencé l'apprentissage de la multiplication. Elle se situait dans le temps. Elle avait appris à lire l'heure. Ah! Qu'elle en était fière! Elle était capable de recourir à l'humour quand un adulte lui inspirait confiance. Elle avait beaucoup amélioré son écriture. Elle passait, au dire de sa mère, des heures et des heures, durant les fins de semaine, à transcrire sur des feuilles mobiles des contes qu'elle me demandait de lire, le lundi matin, aux autres élèves de la classe. Pourquoi passait-elle tant d'heures à copier des contes? C'était d'abord pour me faire plaisir, disait-elle, et aussi pour me montrer qu'elle appréciait les histoires que je lisais régulièrement en classe.

C'est à partir de son engouement pour les histoires que j'ai eu l'idée de lui en écrire une. J'ai voulu lui offrir des modèles auxquels s'identifier. Dans la sienne, j'ai raconté la vie d'une petite louve, agressée sexuellement, elle aussi, par son père. Elle est venue proposer à Fany une lueur d'espoir en partageant avec elle les secrets de son émergence insoupçonnée des ténèbres de sa longue nuit, pour s'accrocher à la vie et s'enivrer de soleil. Cette histoire, je lui en ai d'abord fait la lecture en l'absence des autres élèves. Sa réaction fut spontanée: « Elle est belle, est-ce que je peux la montrer à ma mère? » Ce qui fut fait.

Tout au long de la lecture de ce texte écrit pour elle, je l'observais attentivement. Elle respirait au niveau du ventre et elle avait la tête complètement baissée. Son corps restait immobile. On aurait dit qu'elle regardait un film d'horreur puisque ses mains cachaient ses yeux. J'ai relu cette histoire le lendemain en présence des autres élèves de la classe. Ils sympathisaient unanimement avec la petite louve de l'histoire. Une autre jeune fille, nouvellement arrivée au sein du groupe, pleurait à chaudes larmes. Un jeune garçon de douze ans, agressé lui aussi sexuellement par le nouvel amant de sa mère, s'est écrié :

– Je connais ça, moi, les agressions sexuelles.

Le pouvoir évocateur de l'allégorie ne m'était pas étranger. J'avais pris connaissance des travaux de Moreno en psychodrame, de Perls en gestalt-thérapie, d'Erickson et de Jean Monbourquette, de l'Université Saint-Paul, à Ottawa. J'avais également écrit une quinzaine d'allégories que mes élèves avaient appréciées. En effet, ils me disaient souvent : « Si nous travaillons comme il faut, pourras-tu nous lire une histoire avant la fin du cours ? » Imaginez ma joie de découvrir que mes exercices de visualisation avec eux avaient atteint leur but : les mettre en contact avec leur monde intérieur. Nous sommes loin des premières séances de visualisation au cours desquelles certains d'entre eux souriaient, feignaient de ronfler ou m'avouaient candidement leur incapacité à se fermer les yeux, à rester calmes et détendus ou à créer simplement des images dans leur tête.

Dès la troisième semaine de visualisation systématique pour «bien commencer la journée », le besoin était créé et les bienfaits reconnus par l'ensemble des élèves de la classe. Certains vantaient la détente que leur apportait cet exercice, d'autres parlaient de leur étonnement face à la profusion d'images qu'ils pouvaient tout à coup créer. Quelques élèves devenaient même capables de se voir différents dans un milieu extérieur au centre hospitalier et prêts à fréquenter une école régulière avec leurs anciens amis d'avant leur hospitalisation.

Fany, quant à elle, a insisté pour que sa mère prenne connaissance de cette histoire. Elle a pu modifier son monde de croyances et d'idées fixes sur les motifs de l'emprisonnement de son père. Elle a enfin reconnu et verbalisé le rôle joué par la renarde de l'histoire, la pédopsychiatre qui l'accompagnait depuis des années et qu'elle avait rendue responsable de la condamnation de son agresseur. La petite louve blessée n'était pas tout à fait prête, par contre, à accepter de faire porter par son père l'entière responsabilité de ses actes. Le conflit de loyauté envers celui-ci la troublait.

Dans la classe, nous avions un refrain que nous entonnions à chaque comportement inacceptable : « Marchons vers notre guérison. » Les jeunes se voyaient comme étant parvenus à une étape de leur vie où ils avaient la responsabilité de surmonter leurs difficultés et leurs faux pas pour cheminer avec nous, les adultes, vers leur bien-être intégral, vers leur guérison. Ils savaient que je marchais comme eux vers ma guérison.

– De quoi veux-tu te guérir, Serge ? me demanda un jour l'un d'eux.

– Je veux me guérir de cette tentation de croire que je n'ai plus rien à améliorer en moi-même, lui répondis-je.

Et je le crois fermement. Les enfants ont, comme nous, les adultes, cet urgent besoin de découvrir leurs forces pour s'aimer et s'apprécier. Ils ont également besoin de connaître leurs faiblesses pour continuer de croître et de se dépasser.

Je ne remercierai jamais assez les élèves de ma classe qui m'ont permis de leur révéler leur pouvoir d'élargir leur vision du monde et de s'offrir une plus grande liberté de choix. De ce fait, la plupart d'entre eux, et en particulier la petite louve blessée, ont réussi à modifier leur perception d'eux-mêmes et de leurs possibilités.

Fany est en marche. Elle ne s'appréhende plus comme une victime impuissante. Elle se sait en possession d'une certaine force de croissance et ne demande qu'à être encadrée, dans le respect de son rythme, pour retrouver son équilibre malgré la profondeur de ses blessures. Ses spectaculaires progrès, au fil des mois, ont dépassé les attentes des membres de cette formidable équipe thérapeutique composée d'une psychiatre, d'une éducatrice, d'une psychologue, d'une travailleuse sociale et d'un enseignant, en l'occurrence, moi. En effet, même si nous avions tout mis en œuvre pour littéralement sauver cette enfant en la nourrissant adéquatement de notre présence, de notre science et de notre tendresse, nous n'en croyions pas nos yeux.

En tant qu'enseignant, je reconnais aujourd'hui que cette élève a pu faire tant de progrès en si peu de temps parce qu'elle était entourée, à Pierre-Janet, de gens merveilleux qui, au-delà de toute espérance, croyaient de plus en plus en elle. Au moment de son départ de ce centre psychiatrique, nous avions la satisfaction d'avoir fait tout ce qui était humainement possible pour lui redonner confiance en ses capacités. Son histoire, présentée sous la forme d'un conte thérapeutique, *La petite louve blessée*, publié en 1991 à Gatineau, a été racontée lors du troisième Congrès international de l'enfance et de la jeunesse en difficulté. Le tout s'est déroulé du 14 au 17 mai 1991, au Centre Sheraton, à Montréal. Je n'oublierai jamais ce mercredi 15 mai ni le titre choisi pour raconter le cheminement de cette jeune fille, « L'abus sexuel : un labyrinthe de confusion, de créativité et d'innovation pour les intervenants psychosociaux ».

Nous reçûmes une longue ovation, nous de Pierre-Janet. Cette élève m'a procuré au moins deux autres mémorables moments de grâce dans ma vie d'enseignant.

Le premier

C'était un lundi matin. Elle venait de m'apprendre, le sourire aux lèvres, qu'elle avait passé la fin de semaine à lire, à écrire et à mémoriser l'orthographe de ses quarante «mots de vocabulaire de la semaine». Elle avait donc hâte de m'impressionner et de m'entendre la féliciter. Soudain elle se leva de sa chaise, s'avança vers moi et me dit à voix basse :

– Dis-y qu'elle entre.

– Qui? demandai-je.

– Elle, me répondit Fany, en pointant du doigt la porte d'entrée de la salle de classe.

Comme la porte était entrouverte et que tous les autres élèves étaient déjà assis à leur place, je pensais qu'elle blaguait. Non. Elle avait identifié la personne qui passait dans le couloir. Il s'agissait de sa pédopsychiatre qu'elle reconnut à la cadence de ses pas. Signalons que la petite louve blessée avait refusé de poursuivre ses séances de thérapie dès l'instant où elle avait appris que le témoignage de cette experte était déterminant dans l'accusation et la condamnation de son père. Surpris, j'obtempérai à son ordre. J'ouvris la porte et dis simplement :

– J'ai un message pour vous, docteure. Voici la demande d'une de mes élèves : « Dis-y qu'elle entre. »

Perplexe, elle s'arrêta, enleva ses lunettes, se frotta les yeux comme si elle voulait s'assurer qu'il ne s'agissait pas d'un rêve, puis entra dans la classe. Je l'invitai à s'asseoir. Fany, fière du chemin parcouru, se dirigea vers le tableau noir, prit un bâton de craie et me dit : « Vas-y. »

Je lui dictai alors plus d'une vingtaine de mots et quelques courtes phrases qu'elle écrivit correctement. Elle compléta le tout par des additions et des soustractions de nombres entiers, sous les yeux ébahis de l'invitée. Quand elle eut fini, elle s'exclama : « Je suis bonne, hein ? »

Et la pédopsychiatre d'ajouter, les yeux mouillés : « Oui, tu es très bonne. » Elle se dépêcha de partir et de poursuivre sa route. Elle me convoqua dans son bureau et me dit amicalement : « Serge, ne fais plus jamais ça sans me prévenir. Comment se fait-il qu'on ne m'ait pas avisée, avant ce jour, de ses progrès ? Pourquoi un tel secret ? »

Je lui répondis candidement : « Son incapacité d'apprendre était connue de tous. Certaines personnes se sont fait un devoir de tenter de m'en convaincre. J'ai même été averti de ne pas perdre mon temps en essayant de lui apprendre à lire. Alors, je me suis abstenu d'ébruiter ses balbutiements pour continuer de croire au miracle, fruit de la persévérance dans le champ des possibilités. »

Le second moment de grâce mémorable

Un matin, alors qu'elle était partie de l'hôpital depuis plusieurs années, Fany s'est présentée dans ma classe avec son premier bébé qui dormait paisiblement dans un landau. Cette jeune mère devait avoir vingt et un ans environ. Elle projetait d'ouvrir sa propre garderie d'enfants. Elle s'adressa même à mes élèves en les invitant à m'écouter et à faire de leur mieux s'ils voulaient réussir et poursuivre, comme elle, leurs études secondaires. Avant de s'en aller, elle a tenu à me rassurer : « Serge, dit-elle, ce bébé-là, personne n'y touchera. »

C'était sa façon d'annoncer qu'elle avait tiré des leçons fort profitables de son douloureux passé. J'entendais, dans sa voix, l'engagement ferme d'une maman courageuse prête à se battre de toutes ses forces pour défendre son enfant.

L'année suivante, elle est revenue dans ma classe me présenter son second bébé. Quelques-uns des autres membres de l'équipe thérapeutique m'ont alors demandé, à la blague, de lui écrire une autre histoire pour éviter qu'elle ait une lignée trop nombreuse.

Je l'ai croisée par hasard dans un centre commercial en 2010, quelques jours avant Noël. Elle ne m'a pas vu; par contre, j'étais heureux de la revoir, cette fois, entourée de trois beaux enfants, les siens assurément. Elle était souriante et éclatante de santé.

Ma reconnaissance envers cette élève sera éternelle. Grâce à elle, je crois fermement désormais que «chaque personne porte en elle-même une petite histoire qui la guérit», comme répétait souvent le docteur Jean Monbourquette.

Depuis, j'ai écrit de nombreux contes. Ils ont été publiés aux Éditions du Vermillon, en 2005, en un recueil intitulé *Ah! C'est mon histoire!* Ce titre, je le dois à Fany. En effet, plus de six mois après lui avoir lu pour la première fois *La petite louve blessée*, qui m'a valu par la suite la médaille du 125e anniversaire de la confédération canadienne, elle s'était écriée : « Ah! C'est mon histoire! » Elle venait de faire le lien entre son vécu et celui des différents personnages : Papa loup, Maman louve, la renarde, Loulou, la petite louve etc...

L'esprit d'équipe

Comment parler de Pierre-Janet sans mentionner ce qui constituait sa force : l'esprit d'équipe. Les membres se faisaient mutuellement confiance. Nous étions relativement jeunes et nous nous souciions tant du bon fonctionnement de l'équipe que de franchise dans nos échanges en ayant à cœur de ne blesser personne. Combien de fois suis-je allé au bureau de la psychologue, de la pédopsychiatre ou de mes amis psychoéducateurs pour demander conseil ou discuter de mes objectifs et de mes interventions auprès des jeunes ? Il était permis d'avouer ses échecs et ses incertitudes sans se sentir dévalorisé. Je me suis toujours perçu comme un éternel apprenant. J'étais à l'école de mes élèves. Nous étions solidaires les uns des autres. La coopération et le respect mutuel ne laissaient aucune place à la compétition, l'un des poisons les plus virulents au sein d'une équipe, quelle qu'elle soit. Mes amis éducateurs et la secrétaire de la pédopsychiatrie, madame Germaine, étaient habituellement les premiers lecteurs des contes que j'écrivais pour mes élèves.

Les histoires qui m'ont été inspirées par ces jeunes n'étaient pas toutes dramatiques. En voici quelques-unes qui m'ont fait réfléchir et même rire aux éclats.

L'histoire d'Andou

Andou avait onze ans. Il était en cinquième année du primaire quand il fut admis à Pierre-Janet pour une évaluation psychiatrique. C'était au mois de septembre. Ses parents s'inquiétaient de l'avoir entendu dire plus d'une fois qu'il ne voulait plus vivre. Peu de jours après son admission, il avoua sa souffrance d'avoir hérité accidentellement de la maladie de sa mère, le diabète. Ne pas se sentir comme ses autres camarades de classe et surtout être obligé de suivre un régime alimentaire particulier lui paraissaient insupportables face à ses amis. Ses cris de détresse furent l'occasion d'une intervention rapide et efficace. Il est recommandé de toujours prêter une oreille attentive et aimante aux appels au secours de ceux qui nous entourent. Dans le cas du jeune Andou, il a pu, grâce à une équipe thérapeutique expérimentée et perspicace, et surtout grâce à sa collaboration, accepter sa différence et retrouver la joie de vivre. Quand prit fin la période d'observation habituelle de huit semaines, les mots « intégration à son école de provenance » étaient sur toutes les lèvres sauf sur les siennes. Il exprima le désir de prolonger son séjour à l'hôpital car, constatait-il, son goût d'apprendre n'avait jamais été aussi intense. Comme en ce temps-là la liste d'attente était pratiquement vide et qu'on voyait en lui un modèle pour les autres, il eut l'autorisation de rester jusqu'à Noël pour poursuivre ses études. Andou, conscient de ce privilège, se comporta de façon si exemplaire qu'il termina en moins de cinq mois, avec succès, tout son programme de cinquième année en français et en mathématiques. Au mois de janvier, lors de la rencontre prévue pour son intégration, il avait déjà commencé sa sixième année avec la même détermination. La décision fut prise, exceptionnellement, de le garder à l'hôpital jusqu'à la fin de l'année scolaire. Au mois de juin, il avait complété sa sixième année et obtenu des notes au-dessus de la moyenne des élèves de la classe qu'il fréquentait avant son arrivée à l'hôpital. Ainsi, lors de la rencontre d'évaluation en présence du directeur de son école régulière en début d'année, il ne put y être accepté, car on s'attendait à l'accueillir en sixième année. Malgré sa déception de n'avoir pas été mis au courant, avant la réunion, des progrès fulgurants de notre sympathique Andou, le directeur nous conseilla de l'admettre à l'hôpital au début de l'année scolaire suivante et d'entreprendre alors, nous-mêmes, des démarches pour qu'il fasse son entrée au secondaire. Il ajouta, ironiquement : « Vous n'êtes pas obligés de suivre mes conseils si vous décidez l'an prochain de le garder à votre hôpital. » Nous avons tous compris et respecté son besoin de tenir de pareils propos. Nous avons souri, sans dire un mot. Notre élève modèle dut donc revenir à Pierre-Janet en début d'année et commencer son programme de première secondaire. Au mois de novembre, il fit son entrée à la polyvalente. Tout s'est si bien déroulé qu'il ne remit plus jamais les pieds dans notre établissement.

Ce jeune était dépressif lors de son admission à l'hôpital. Au moment de son départ, au bout d'un an, non seulement il avait retrouvé son sourire, mais il avait renoué avec la partie la plus lumineuse en lui pour s'éclairer au milieu de la nuit. J'ai appris grâce à lui qu'il était possible de compléter en moins de temps que prévu le programme officiel du ministère de l'Éducation quand on est normalement intelligent, qu'on veut réussir, qu'on accepte de faire les efforts nécessaires et qu'on a une bonne méthode de travail.

Sans un réel désir de se dépasser et une profonde croyance en ses propres capacités intellectuelles, un tel exploit n'aurait pas été possible.

L'histoire de Kandou

À Pierre-Janet, j'eus au moins un autre cas similaire. Le jeune s'appelait Kandou. Il avait à peine dix ans. Il souffrait, de l'avis de la directrice d'école qui nous le présentait, de troubles de comportement et d'adaptation. Aucune possibilité d'enseigner quand il est en classe, concluait-elle. Quel défi emballant ! me suis-je dit intérieurement. Ainsi, dès son arrivée dans ma classe, je l'ai accueilli en lui présentant les règles de fonctionnement :

- Arriver à l'heure.
- Travailler en silence.
- Travailler à sa place.
- Respecter les autres.

Kandou s'engagea verbalement à les respecter et s'enquit des conséquences en cas de transgression. Il fut surpris de m'entendre lui répondre à peu près ceci : « Pourquoi tiens-tu à en être informé puisque ta présence ici est un signe de ton désir de changer et de t'améliorer ? Je ne m'attends pas à ce que tu les transgresses.

— Oui, me répondit-il, je veux changer, mais puisque je viens d'arriver, laisse-moi encore un peu de temps.

Le temps, notre meilleur allié, voilà ce que nous, les enseignants et intervenants, sommes trop souvent tentés d'oublier de considérer.

Chaque fois que je m'attendais à recevoir dans ma classe un élève souffrant de troubles de comportement, je me disais, avant même son arrivée, qu'il s'agissait soit d'un surdoué, soit d'un jeune en difficulté d'apprentissage. Je lui faisais alors subir mes deux séries de tests en français et en mathématiques pour déceler ses forces et ses faiblesses. Dans le cas de Kandou, l'effet qu'il produisit sur moi fut véritablement mirobolant. Il accomplit en un temps record et à la perfection ce qu'aucun élève de sa classe de quatrième année du primaire n'avait pu réussir avant lui. Je lui présentai alors la série de tests de cinquième année dans les mêmes matières. Les résultats furent aussi spectaculaires et le temps consacré, aussi rapide. Je n'en parlai à personne jusqu'à la prochaine rencontre d'évaluation. Je savais que j'avais dans ma classe un élève génial, aux qualités intellectuelles exceptionnelles.

Je me suis empressé de le rencontrer isolément pendant que les autres travaillaient à leur place. Ma première question fut la suivante :

— Qu'as-tu fait de tes comportements inacceptables d'avant ton arrivée dans ma classe ?

Il me répondit spontanément :

— Ici, je n'ai pas le temps de m'ennuyer, c'est tout. Toi, au moins, tu me fais travailler. J'aime ça, moi, avoir toujours quelque chose à faire.

C'était un boulimique, à sa façon. Sa curiosité intellectuelle et sa soif d'apprendre étaient prodigieuses.

Imaginez ma fierté de le présenter, lors de la réunion d'évaluation à la fin des huit semaines d'observation ! Nous cherchâmes en vain des traces de comportements indésirables décrits lors de son admission.

Tout devint clair et compréhensible quand je fis part des résultats de ses tests de quatrième, de cinquième et même de sixième année en français et en mathématique. J'ajoutai, avec un brin de vantardise : « Kandou souffrait d'ennui en classe. Il l'a lui-même reconnu. Fais-le travailler en fonction de ses capacités et ses comportements inacceptables disparaîtront. » Ainsi prit fin cette rencontre au cours de laquelle ses parents furent ravis de nous apprendre que leur fils passait ses soirées à fouiller dans des revues scientifiques pour tenter d'augmenter la puissance des petits moteurs de ses voiturettes.

Enseigner, c'est aussi prendre le temps d'écouter l'autre pour mieux le comprendre et l'aider à prendre conscience de sa propre lumière.

L'histoire de Sanclou

Arrivée à Pierre-Janet au début du mois d'avril, cette sympathique et gentille jeune fille venait d'avoir douze ans. Elle était en sixième année du primaire et avait été renvoyée de son école parce qu'elle souffrait de troubles d'opposition. En souffrait-elle réellement ? Elle n'en avait pas l'air. Quoi qu'il en soit, dès ses premières minutes dans ma classe, elle réclamait déjà le droit de choisir elle-même son pupitre, refusant de s'asseoir trop près de la porte d'entrée. Elle trouva mes règlements inutiles et formulés de façon trop différente de ceux de son ancienne classe. Si je demandais aux élèves de travailler dans leur cahier d'exercices de grammaire française, elle ouvrait, sans mon autorisation, son cahier d'exercices de mathématiques. C'était un cas flagrant d'esprit de contradiction dans sa plus pure manifestation.

Comme j'avais momentanément pris la décision de ne pas la confronter et d'avoir l'air conciliant, elle me demandait chaque fois, à voix haute :

– Est-ce que ça te dérange, monsieur, que je ne fasse pas comme les autres ?

– Ça veut dire quoi exactement ? lui répondis-je.

– Que je fasse à ma tête, ajouta-t-elle.

– Oui, ça me dérange et tu le sais très bien. Comme tu viens d'arriver dans ma classe, je te laisse une heure, une journée et peut-être davantage de temps pour t'entraîner à te faire confiance, puis à me faire confiance suffisamment pour accepter de collaborer si tu veux vraiment changer pour le mieux.

Son proverbial problème d'opposition venait, comme par magie, de changer de teinte. Désormais, elle avait un problème de confiance en elle-même et en l'autorité. Au bout de trois semaines environ, comme j'avais délibérément évité les nombreuses occasions de confrontation avec cette élève, elle commença à paniquer et à me raconter son histoire d'avant son admission. Même si je l'invitais à en parler aux personnes concernées, son éducateur, son travailleur social ou sa pédopsychiatre, elle insistait pour que je l'écoute jusqu'à la fin. J'avais compris que Sanclou avait peur de changer, de n'être plus capable de se reconnaître elle-même. Je continuais tout de même de lui rappeler que, dans ma classe, tous les élèves, sans exception, étaient tenus de suivre les mêmes règlements. J'ajoutai que ma patience avait des limites et que sous peu, de concert avec elle, nous emprunterions d'autres voies pour l'aider à augmenter sa confiance en elle-même et à savourer la joie de se conformer aux règles établies. Son silence, considéré à tort comme un signe de reddition des armes, fut de courte durée. Elle revint aussitôt à l'attaque et m'invita à m'avouer vaincu en me mettant en garde, en présence des autres élèves :

– Monsieur Serge, tu perds ton temps avec moi. Dans ma famille, nous avons tous une tête de cochon, une tête dure.

Moi qui ne m'attendais pas à un tel aveu, je lui souris de bon cœur et commençai à brûle-pourpoint cette conversation avec elle :

– Tu me fais penser à une autre élève que j'ai connue l'an dernier et qui avait choisi de s'asseoir ici, à la même place que toi.

– Ah! oui! répondit-elle.

– Devine son âge ? ajoutai-je.

– Douze ans.

– En effet!

– Essaie de deviner son nom ?

– Sylvie.

– Comment fais-tu pour répondre à toutes mes questions avec tant de précision ?

– Il y avait dans ma classe, poursuivit-elle, triomphante, une autre élève avec, comme moi, une tête de cochon. Elle a été renvoyée elle aussi, mais avant moi, et je ne l'ai plus revue.

Heureux du déroulement de ce dialogue captivant et fructueux, je lui dis, le sourire aux lèvres :

– Je déborde de joie en t'entendant parler de Sylvie, car elle est parvenue, elle, à se défaire de sa tête de cochon.

– Comment a-t-elle pu s'en débarrasser ?

– Comme elle était prête, elle s'est présentée à l'atelier d'expression de l'hôpital et, avec l'aide de madame Annie, elle a confectionné une tête de cochon en papier mâché.

– Et après ?

– Elle l'a prise dans sa main gauche, car elle était gauchère.

– Comme moi?

– Mais oui, quelle coïncidence! Puis, elle s'est rendue au fond de la cour à l'endroit où se trouve un préau couvert, car il pleuvait ce jour-là, et a lancé sa tête de cochon si loin qu'elle s'en est débarrassée pour toujours.

À ces mots, Sanclou ouvrit grand les yeux et s'écria :

– Moi, jamais!

Prenant à l'instant conscience d'avoir commis une erreur dans le processus de son cheminement vers l'atteinte du but désiré, je répliquai calmement :

– Je n'en crois pas mes oreilles. L'an dernier, Sylvie avait, elle aussi, commencé par dire «jamais» avant de changer d'idée.

– Comment ça?

– Certains détails m'échappent, mais une semaine plus tard, elle avait pris la sage décision de lancer sa tête de cochon symbolique et depuis ce jour elle s'est sentie soulagée.

Comme c'était un vendredi après-midi et que l'heure du retour à la maison venait de sonner, tous les jeunes se sont dépêchés de prendre la direction de leur chambre. Ils s'emparèrent de leur valise, préparée la veille, et attendirent leurs parents pour passer, en famille, la fin de semaine.

Lundi matin, la classe était au complet. Chacun devait rédiger un texte dans lequel les événements les plus agréables autant que les plus douloureux de la fin de semaine sont décrits. Ce jour-là, Sanclou m'a remis, pour la première fois, une feuille blanche que j'ai acceptée sans faire de commentaire. Elle avait l'air, au fil des heures, de s'interroger, d'hésiter. Elle s'est même laissée aller, à plusieurs reprises, à dire oui.

Soudain, vendredi ! Elle quitta sa chaise peu avant de se rendre à son cours d'expression prévu à l'horaire avec madame Annie et me dit :

– Monsieur Serge, je suis prête.

– À quoi ? lui demandai-je.

– À me débarrasser de ma tête de cochon.

– Pas déjà ! lui lançai-je, surpris.

Elle s'avança vers moi, me fixa dans les yeux et me dit :

– Si tu avais passé la même fin de semaine que moi et que tu avais toi aussi une tête de cochon, tu t'en débarrasserais certainement. Ma mère, avoua-t-elle, m'a avertie qu'elle m'enverrait vivre dans une famille d'accueil si je continuais, au cours de cette fin de semaine, de lui répondre «non» à toutes ses demandes. Elle ne sait plus quoi faire de moi. Ma seule présence la fatigue. Me comprends-tu ?

– Oui, je te comprends, Sanclou, je suis persuadé de ta bonne foi. Je te sens prête. Alors, va en parler à madame Annie.

Le fruit était enfin parvenu à maturité. Il fallait le cueillir sans délai.

Sanclou présenta alors son projet à la personne désignée. Et, le temps de le dire, elle tenait dans sa main gauche son œuvre d'art : une jolie tête de cochon. Entourée des autres élèves de la classe, de madame Annie, évidemment, de ses éducateurs et de sa psychologue, Sanclou se rendit sous le préau, s'apprêta à lancer sa tête de cochon, prit son élan, puis s'arrêta net. Elle hésita un instant avant de me dire :

– J'accepte de m'en débarrasser, mais à une condition.

– Laquelle ? demandai-je aussitôt ?

– Celle de ne pas la lancer trop loin au cas où un jour je devrais m'en servir.

Rassuré, je lui confiai : « Sylvie avait, comme toi, réclamé le même droit. Vas-y. »

Elle se remit alors en position de lancement, compta un, deux, trois, puis projeta la tête façonnée à deux ou trois mètres à peine d'elle. La foule de curieux applaudit à tout rompre. Elle avait l'air soulagée. C'était la fête.

Le lundi suivant, Sanclou s'est présentée en classe en compagnie de sa mère qui voulait savoir le nom de notre procédé. Elle nous confia que non seulement sa fille lui avait annoncé la disparition de sa tête de cochon, mais qu'elle avait entendu, pour la première fois depuis longtemps, sortir de sa bouche le mot «oui» en réponse à ses nombreuses demandes jugées raisonnables. L'ayant écoutée avec ravissement, je l'ai remerciée de son témoignage.

J'eus le bonheur de rencontrer par hasard, vingt ans plus tard, une jeune et souriante livreuse de pièces d'autos neuves alors que j'étais chez mon garagiste. Elle s'est arrêtée près de moi, m'a regardé attentivement et m'a demandé mon nom.

– Serge Cham, répondis-je.

– Tu ne me reconnais pas.

– Non, pas tout à fait.

– C'est moi, ta tête de cochon. Merci de m'avoir enseigné.

– Ah! oui, je m'en souviens. Tu as l'air de bien gagner ta vie. Félicitations!

Pour permettre à l'autre de retrouver ses propres forces internes, sa propre voie, il faut savoir s'effacer discrètement et en temps opportun.

Chidou

C'était une jeune fille de dix ans. Sa timidité était maladive. Elle n'avait aucune amie. Elle fuyait la compagnie des garçons. Elle était toujours seule et ne jouait avec personne. Elle prenait plaisir à s'arracher les cheveux et les poils des

cils, puis elle les mangeait sous mes yeux étonnés. Son diagnostic : trichotillomanie. J'ignorais, jusqu'à ce jour, l'existence
de ce mot. Le spectacle qu'elle donnait, quoique triste, avait
pour moi la valeur d'une provocation. J'avais l'impression
qu'elle se moquait de moi qui étais prêt à tout pour freiner
la progression de ma calvitie et protéger les rares duvets
égarés sur mon cuir chevelu.

Trêve de plaisanteries, Chidou m'a fait des confidences
après s'être laissée littéralement apprivoiser au bout de quelques semaines. Son passé douloureux l'avait rendue méfiante.
Pour la rassurer, le mot respect s'échappait souvent de ma
bouche, en classe. Un beau matin, alors que je faisais la lecture
à haute voix de mon premier conte, *La petite louve blessée*,
inspiré du vécu de Fany, Chidou m'interrompit en levant la
main et dit d'une voix à peine audible : « Monsieur, moi aussi,
je suis une petite louve blessée. »

– Ah ! Je ne le savais pas vraiment, lui dis-je. »

Je l'ai alors invitée à en parler à son éducateur, mon
bon ami Jules, et à sa pédopsychiatre, afin de poursuivre sa
marche sur la voie de la guérison intérieure.

– Oui, monsieur, poursuivit-elle, je vais leur en parler,
mais penses-tu qu'une petite histoire pourrait m'aider, moi
aussi ?

Je fus tellement heureux de l'entendre me réclamer une
histoire, à son tour, que j'ai pris l'engagement de lui en écrire
une. Dès le lendemain, mon « arsenal » était prêt. Je lui posai
les cinq mêmes questions habituelles pour la cueillette des
informations nécessaires à la rédaction de la sienne.

Première question :

– Si tu étais en possession d'une baguette magique permettant de te transformer en animal, lequel serais-tu devenu ?

Sa réponse :

– Une petite chatte.

Deuxième question :

– Peux-tu me raconter brièvement la vie de cette petite chatte avant son arrivée à cet hôpital ?

Sa réponse :

– La petite chatte vivait en paix avec son père, sa mère, son grand frère et ses deux petites sœurs. Tout allait bien jusqu'au jour où papa chat a commencé à lui faire des choses que la petite chatte n'aimait pas et qui lui faisaient mal. Alors, elle a compris que ça lui était arrivé parce qu'elle était belle. Elle voulait devenir laide pour avoir la paix.

Troisième question :

– Qu'est-ce qui pourrait, d'après toi, aider la petite chatte à se sentir mieux ?

Sa réponse :

– Ne plus laisser papa chat continuer de lui faire ça.

Quatrième question :

– Quel petit signe pourrait t'indiquer que tout est redevenu comme au temps où tout allait bien ?

Sa réponse :

– Quand je serai capable de ne plus m'arracher les cheveux et qu'ils recommenceront à pousser.

Cinquième question :

– Veux-tu vraiment trouver une solution satisfaisante à ton problème ?

Sa réponse :

– Oui, je le veux.

Elle venait, par cette dernière réponse, de me fournir la matière du conte que je m'étais promis de rédiger à son intention. Je ne tardai pas à lui lire l'histoire de Magdalena, la petite chatte, parue dans le recueil *Ah ! C'est mon histoire !* publié par Les Éditions du Vermillon, en 2005, à Ottawa.

En voici un extrait :

« Il était une fois une belle petite chatte qui répondait au nom de Magdalena. Elle était si jolie que la plupart des chatons du village où elle habitait rêvaient d'avoir un pelage aussi beau que le sien. La thérapeute de l'histoire, docteure Daniella, organisa une séance de jeu au cours de laquelle Magdalena fut invitée à refaire alliance avec elle-même. Elle reçut donc une bague sertie de sa pierre de naissance en souvenir de sa décision de laisser pousser ses poils. Cet anneau d'or symbolisait également sa réconciliation avec ses autres amis chatons, Jessica, Samouraï, Isabella et Patricia. Chaque fois qu'elle se sentait glisser vers ses comportements antérieurs, il lui suffisait de fermer les yeux et de voir un de ses meilleurs amis remettre à sa place la patte oublieuse qui tardait à comprendre que Magdalena avait pris la décision de changer une fois pour toutes. Le désir de se faire plaisir et d'être fière d'elle était plus fort que tout... »

Aussi incroyable que cela puisse paraître, cette élève ne tarda pas à refaire, au fil des jours, les mêmes gestes que lui avait dictés madame Daniella de l'histoire, sa thérapeute. J'ai vu, peu après la lecture de son histoire, cette petite chatte faire le geste de porter une patte au milieu de sa tête et l'en éloigner aussitôt d'une autre patte antérieure, d'une autre main, sans qu'aucun cheveu, aucun poil ne soit arraché. À la surprise générale, ses beaux cheveux noirs avaient repoussé ! C'était pour nous, membres de l'équipe thérapeutique, un premier pas vers la guérison.

À son départ de l'hôpital, nous étions tous heureux de la voir sourire. Elle avait fait tant de progrès qu'elle se « donna la permission d'être belle tout en exigeant du respect de son entourage », comme il est écrit dans le conte.

Pour retrouver son droit à la dignité et au respect, il importe, après s'être éloigné de soi, d'accepter de refaire alliance avec soi-même.

Manidou

Comment passer sous silence l'histoire de cette jeune fille de neuf ans qui avait cessé de parler à la suite d'un traumatisme survenu lors d'une visite chez un voisin pervers, incapable de respecter son innocence et sa vulnérabilité? J'avais l'habitude de répéter à mes élèves que le neuvième jour de chaque mois était le moment le plus propice aux changements. Par un heureux hasard, c'était le neuf septembre. Pas n'importe lequel! Le neuvième jour du neuvième mois de l'année 1999.

Au moment d'écrire la date au tableau – 1999-09-09 –, comme je le faisais chaque matin, j'eus l'idée de m'adresser à mes élèves en ces termes :

– Avez-vous remarqué la fréquence considérable du chiffre neuf dans la date d'aujourd'hui?

– Oui, monsieur, il y en a beaucoup, répondirent-ils en chœur.

– Qui veut faire du neuf dans sa vie? leur demandai-je.

Les réponses furent spontanées et fort variées. Tel élève exprima son désir d'arrêter de parler en employant des mots grossiers; tel autre souhaita commencer à dire la vérité et à tenter de verbaliser ses frustrations plutôt que de se mettre en colère, ainsi de suite.

Quant à Manidou, puisqu'elle avait perdu l'usage de la parole depuis l'âge de cinq ans, elle m'écrivit sur une feuille :

– Monsieur, moi, j'aimerais recommencer à parler.

Je n'en croyais pas mes yeux!

Ma surprise fut totale et je poussai mon audace jusqu'à lui répondre, sans prendre le temps de réfléchir, encore moins le temps de mesurer le caractère irréaliste de mes propos :

– Oui, tu vas parler.

Les autres élèves, incrédules, me regardèrent comme si je délirais tout à coup.

L'un d'eux osa me demander :

– Monsieur, penses-tu que ça soit possible ?

Pour toute réponse je saisis un bâton de craie, pris la direction du tableau noir et écrivis dans la partie la plus haute : « Si tu veux, tu peux. Si tu peux, tu dois. » (Kant)

Je me retrouvais dans une impasse avec une promesse qui excédait mes capacités d'enseignant de français et de mathématique au primaire. Le défi était de taille. J'ai dû, pour la première fois depuis que j'écrivais des histoires pour mes élèves, attendre près de deux semaines avant de mettre le point final à celle que je dédiais à cette élève. En effet, ce ne fut que le 21 septembre, douze jours plus tard, que j'ai pu lui en faire la première lecture. Elle exprima son approbation par un sourire. Dès le lendemain, comme le voulait le déroulement de la démarche décrite dans l'histoire, je tenais dans une main un petit pot à confiture vide et dans l'autre, un petit pot contenant neuf cailloux. Manidou fut invitée à en enlever un chaque jour et à le déposer dans le pot vide. Ainsi, le 21 septembre, au cours de la lecture de son histoire intitulée *La perruche heureuse de recommencer à parler*, elle poussa un soupir de soulagement au moment de placer le premier caillou dans le pot vide. Le second jour, elle refit le même geste en poussant, comme la veille, un soupir de soulagement. Le troisième, elle me fit signe d'arrêter la lecture de son histoire avant même la fin de la première phrase. Inquiet, croyant qu'elle voulait mettre fin à notre « projet insensé », je lui demandai de m'expliquer la signification de son geste. Comme elle ne pouvait pas parler, elle repoussa poliment d'une main les feuilles contenant le texte, réclama le pot vide, s'empara d'un caillou qu'elle tenait en suspension entre ses doigts sans le laisser tomber. J'ai compris alors qu'elle m'autorisait à ne lire que la phrase décrivant le geste symbolique avec le caillou. Souriant, je me suis contenté de dire : « Et le 3e jour, en jetant le 3e caillou, la perruche poussa un soupir de soulagement. »

Il en fut ainsi jusqu'au huitième jour. Les heures semblaient se suivre plus nonchalamment que d'habitude. L'impatience des élèves devenait de plus en plus fébrile, voire insupportable. J'ai donc décidé de consacrer la dernière heure de cours à la planification des événements du lendemain. Je me suis approché de Manidou et lui demandai, d'un air rassurant :

– Demain, tu veux toujours recommencer à parler, n'est-ce pas ?

– De la tête, elle acquiesça en souriant.

– Alors, poursuivis-je, nous passerons toute la journée à célébrer cet événement. Ce sera une journée sans cours. Es-tu d'accord avec un tel horaire ? »

Les autres élèves se chargèrent de répondre bruyamment par des applaudissements, sans lui laisser le temps de réagir.

Pour sceller cet engagement, je demandai enfin à la petite perruche de me faire savoir ce qu'elle aimerait ajouter comme ingrédients particuliers à la préparation de cette journée de réjouissances.

Elle m'écrivit spontanément sur un bout de papier :

J'aimerais, pour la fête :

- *Un sachet de «chips assaisonnées» (des croustilles)*
- *Une grosse bouteille de Coke (boisson gazeuse)*
- *Un film (une comédie).*

Le matin venu, je me suis donc présenté en classe avec les fruits de la commande exécutée à la lettre. Je remis à chacun des élèves une copie de l'histoire pour leur permettre de participer eux aussi à cette aventure dont personne n'était en mesure de deviner l'issue. Nous formâmes un cercle, une chaîne humaine, dont la perruche constituait un des maillons. Dans cette classe, il n'y avait que sept élèves en cette période de l'année. Ayant obtenu un inhabituel climat de silence, je commençai la lecture de l'histoire de *La perruche heureuse de recommencer à parler*.

Quand vint le moment de disposer dans le pot vide le dernier caillou, Manidou ne put émettre aucun son en dépit de ses nombreuses tentatives de remuer les lèvres. La panique était sur le point de l'emporter sur son profond désir et sur les attentes des élèves présents. D'un ton calme et d'un air apaisant, j'intervins en disant :

« Détends-toi, laisse-moi terminer la lecture de ton histoire et, à la fin, je te poserai une seule question. Quand tu m'auras répondu « oui », nous changerons de salle pour la projection du film et le début de notre journée de fête. Est-ce que cela te convient ? »

Elle approuva une fois de plus, de la tête.

L'histoire lue, je la fixai dans les yeux et lui dis :

– Mademoiselle Manidou, veux-tu parler ?

Un inquiétant silence enveloppa la petite salle au milieu de laquelle nous formions un cercle. Après trois profonds et interminables soupirs qui parurent avoir duré une éternité, et sous le regard attendrissant et « implorant » des autres élèves, un son faible s'échappa d'abord de sa bouche. Confiante, les yeux en larmes, elle s'écria, après plus de quatre années sans avoir pu parler publiquement : « Oui. »

Ce *oui* retentissant sonne encore dans ma tête, certains jours.

Le miracle s'était réalisé, confondant non seulement les sceptiques, mais aussi les nombreux sages qui, par respect sans doute pour ma naïveté, s'étaient contentés de me traiter de fou, à voix basse, en mon absence.

Dès cet instant, les autres élèves étaient incontrôlables. Ils sortirent de la classe en courant et en criant à tue-tête : « Elle a parlé! Elle a parlé! »

Une certaine employée de l'hôpital, dérangée par ce vacarme, arrêta l'un d'eux et lui demanda les raisons d'une telle excitation. Plutôt que de se réjouir ou de se taire, elle tenta vainement d'éteindre la flamme de ce jeune, témoin d'un tel miracle, en lui disant : « Voyons donc, ce n'est pas parce qu'elle a dit oui que vous pouvez considérer qu'elle parle désormais! »

Comme je passais par là et que j'avais entendu ses propos, je lui dis malicieusement :

– Tu as raison. Ceux qui parlent n'ont pas la capacité de dire oui. Ce sont seulement ceux qui n'ont appris qu'à dire non, comme toi, qui parlent vraiment, même quand l'évidence leur crève les yeux et les tympans. »

Je venais de recevoir, de ce fait, ma première douche froide. Ma flamme et mon enthousiasme ont vacillé momentanément. J'eus soudain, moi-même, un moment de doute. Alors que l'euphorie était à son comble et la salle de rassemblement remplie de curieux, j'avais l'air songeur. Manidou, dont personne n'avait entendu la voix depuis plusieurs années, fut assaillie de questions. Elle répondait immanquablement :

– J'ai fait un jeu avec neuf cailloux dans la classe de monsieur Serge et j'ai recommencé à parler aujourd'hui.

Malgré cela, pour dissiper mes doutes, j'ai demandé à une étudiante de ma classe de continuer à parler à la « perruche » tout au long de la projection du film pour consolider ce retour au langage.

Cette élève obéit si bien à ma requête que Manidou, fatiguée d'être trop souvent dérangée par elle, lui demanda d'un ton ferme de la laisser regarder le film en paix.

Rassuré, j'ai enfin accepté d'intervenir pour la prier de se taire tout en la remerciant, d'un clin d'œil, pour sa collaboration.

Un tel miracle, même si je ne prétends pas être un thaumaturge, a pu se produire grâce à la foi en cette élève qui, rappelons-le, n'était pas muette de naissance. Elle avait, à la suite d'un traumatisme, cessé de communiquer verbalement avec ses camarades de classe, ses enseignants, ses thérapeutes et les personnes de son entourage.

À sa demande, sa mère n'a pas été informée de cet événement. Elle s'était réservé le privilège de l'annoncer elle-même, en fin de semaine. Les jours suivants, elle a dû expliquer à ses thérapeutes et aux jeunes des autres classes ce qui s'était passé.

Le fameux vendredi

Comme les autres vendredis, la mère de Manidou se présenta à l'hôpital. Elle se dirigea vers la chambre de sa fille, l'aida à faire sa valise, sans lui parler, évidemment. Elles prirent la direction de la sortie. Juste au moment où elles s'apprêtaient à en franchir le seuil, mon ami Jules, psychoéducateur, inquiet de n'entendre aucun mot sortir de la bouche de celle qui avait recommencé à parler, lui souhaita :

– Bonne fin de semaine, Manidou.

– Bonne fin de semaine, à toi aussi, répondit-elle.

Et la maman, qui ne s'y attendait pas, de répliquer :

– Comment ? Tu parles maintenant ? Depuis quand ? »

Elle est revenue sur ses pas, a exigé qu'on lui fournisse des explications sur le sens de ce silence et sur les progrès inattendus de sa fille. Je n'ai jamais su ce que les membres de l'équipe thérapeutique lui ont raconté. Ce qui est réjouissant, c'est que Manidou n'avait qu'une réponse aux questions que lui posait sa mère : « C'est grâce à un jeu avec des cailloux que mon professeur, monsieur Serge, a fait avec moi dans la classe, pendant neuf jours et en présence des autres élèves, que j'ai pu recommencer à parler. » Je n'ai jamais rencontré les parents de cette élève ni avant son admission, ni pendant son séjour à l'hôpital, ni au moment de son départ définitif qui eut lieu deux semaines après le fameux matin où elle a recommencé à parler. Je n'oublierai jamais, par contre, le geste de son pédopsychiatre, de sa psychologue, de son psychoéducateur, mon ami Charles, et des autres collègues. Tous, dans un élan de générosité et de grandeur d'âme, m'ont félicité et m'ont remercié d'avoir cru qu'à l'aide d'une petite histoire, écrite sur mesure et racontée dans un contexte particulier, il était possible d'obtenir, en seulement neuf jours, un si spectaculaire résultat.

Les réussites les plus éclatantes sont souvent le fruit de la qualité de la relation entre l'enseignant et l'apprenant. J'étais sans voix, moi aussi, pendant un instant, le jour où une jeune étudiante adulte me remercia publiquement d'avoir toujours cru en ses capacités intellectuelles. Elle est aujourd'hui titulaire d'un baccalauréat en traduction. Je la félicite et la remercie à mon tour d'avoir surtout cru en elle-même.

Limou

Cette jeune fille de dix ans excellait dans tous les sports. Mon ami Denis, notre professeur d'éducation physique, était impressionné par son extrême habileté dans la pratique de la plupart des disciplines sportives. Il en parlait avec ravissement et trouvait étrange que cette remarquable athlète soit persuadée de souffrir de déficience intellectuelle. Ayant déjà travaillé au Pavillon du Parc auprès de véritables «handicapés mentaux», comme on les appelait à l'époque, Denis avait appris à distinguer le vrai du faux.

Nous faisions face, mon ami et moi, au même dilemme, puisque j'ai fréquenté durant trois ans, à titre d'éducateur, l'école des jeunes déficients intellectuels du Pavillon du Parc, dans l'ancienne ville d'Aylmer, en Outaouais. Mon esprit se refusait à accepter ce diagnostic que Limou arborait trop fièrement comme un bouclier de protection annihilant toutes mes tentatives de l'initier à la lecture. Au bout de trois mois d'essais infructueux, pour me faire plaisir sans doute, elle réclamait ses livres et ses cahiers laissés à son ancienne école. Infatigable et surtout naïf, je m'y suis rendu, sans la faire attendre, croyant avoir trouvé la solution à l'énigme. Mon enthousiasme fut mis à l'épreuve par cet accueil :

– Vous avez l'air de croire qu'elle va finir par apprendre à lire, monsieur. J'ai réussi à la calmer en début d'année en la laissant jouer dans un petit bac rempli de sable au fond de la classe. C'est ça la déficience intellectuelle, cher monsieur.

– Vous, chère madame qui lui avez enseigné, rassurez-vous. Je ne doute ni de vos bonnes intentions ni de votre sens du devoir. Je suis venu ici uniquement pour récupérer les livres d'une de vos anciennes élèves, lui répondis-je.

Je ne tardai pas à retourner à Pierre-Janet.

En cours de route, j'ai compris, sans l'ombre d'un doute, les raisons du refus de Limou de m'accompagner à son ancienne institution scolaire. Les souvenirs heureux avaient dû y être peu nombreux. Je n'aurais certainement pas fait mieux si j'avais enseigné à cette école, avec si peu de ressources à ma disposition, et que j'avais eu dans ma classe une élève aussi convaincue de son incapacité d'apprendre.

Il importe toutefois de replacer certains tests d'aptitudes intellectuelles dans leur contexte pour les valider adéquatement.

Je connais un jeune dont la mère avait eu une conversation téléphonique avec le psychologue de l'école fréquentée par ses enfants à Saint-Jérôme, dans la région des Laurentides :

– Bonjour, madame, je me présente, je suis le psychologue de l'école de votre fils Pierre.

– Bonjour, monsieur, qu'est-ce qui ne va pas avec lui aujourd'hui ?

– Je suis désolé de vous apprendre, madame, que votre garçon a de sévères troubles d'apprentissage, car ses résultats au test d'intelligence sont catastrophiques.

– Pierre ? Voyons donc, c'est le plus brillant de mes enfants et peut-être même de toute l'école, je n'arrive pas à vous croire, monsieur !

– Vous n'êtes pas obligée de me croire, madame, mais pour être capable de poursuivre ses études, il aura besoin qu'on recoure à des stratégies d'adaptation; il pourra cependant bénéficier d'un cheminement particulier. Au revoir.

La journée d'école de Pierre terminée, il rentra chez lui, le sourire aux lèvres.

– C'est quoi, ce test que tu as passé ce matin ? lui demanda sa mère.

- Ah ! la feuille que j'ai remplie sans même avoir lu les questions ? Je m'en suis débarrassé en répondant le plus vite que je pouvais car j'avais hâte d'aller jouer au hockey avec mes amis.

Ah ! Le fameux contexte ! Il est impératif d'en tenir compte.

C'est sans doute ce qui a dû se passer dans le cas de Limou. Ses difficultés temporaires, dues à une accumulation d'échecs dans l'apprentissage de la lecture, furent considérées comme des troubles, donc permanents. En dépit du fait qu'elle me rappelait sans cesse que mes tentatives pour l'initier à la lecture n'aboutiraient à rien, je continuais de lui lire des histoires chaque fois qu'elle se présentait en classe.

Un jour, alors qu'elle suivait des yeux le texte que je lui lisais, le hasard a voulu que Lulu, l'héroïne de l'histoire, prononçât cette phrase : « Lulu a lu. »

J'en profitai pour l'influencer en ajoutant :

– Si Lulu a lu, Limou peut lire, elle aussi.

– Mais, monsieur Serge, Limou n'est pas Lulu, me répondit-elle du tac au tac, en me regardant avec un air victorieux.

Impressionné par la pertinence de sa réplique, je lui ordonnai spontanément :

– Va dire à ta pédopsychiatre que tu n'es pas déficiente.

– Comment ça ? me répondit-elle, déconcertée.

– Va dire à ta pédopsychiatre que tu n'es pas déficiente, lui répétai-je.

En furie, elle sortit aussitôt de la salle de classe sans dire un mot de plus et se rendit directement devant la porte d'entrée du bureau de celle qui avait « recommandé » son hospitalisation.

Toc, toc.

– Entrez, réagit celle qui ne s'attendait pas à une telle visite.

– Si je ne suis pas déficiente, docteure, qu'est-ce que je suis alors ? dit-elle.

Ravie, elle lui répondit :

– J'ai toujours su que tu n'étais pas déficiente, malgré les résultats décevants que tu as volontairement obtenus à tes différents tests d'intelligence. Tu es seule à savoir les raisons pour lesquelles tu persistes à te croire déficiente.

Ses croyances furent sérieusement ébranlées ce matin-là. Les jours suivant cette prise de conscience ont été ponctués d'interrogations de la part des intervenants. J'en ai profité pour présenter à la directrice adjointe du centre scolaire de Pierre-Janet, en ce temps-là, mon projet d'intervention en lecture conçu pour cette élève. Elle me remit une somme de cent dollars pour l'achat de livres que Limou aurait le privilège de choisir elle-même en tenant compte de son âge, de ses préférences et de sa passion pour le sport.

Je me suis donc présenté à la Librairie du Soleil, à Gatineau, pour le choix des livres que la propriétaire avait accepté de placer dans un endroit spécial jusqu'à notre visite imminente.

Le lendemain matin, Limou et sa meilleure amie, une autre élève de la classe, étaient fières de m'accompagner pour l'achat des livres. Avec la complicité de la libraire, rencontrée la veille, toutes les suggestions que je lui adressais furent approuvées par elle, ravie. Quelle joie de tenir dans ses mains ses propres livres !

Sur le chemin du retour, perplexe, elle me demanda :

– Pourquoi fait-on tout ça pour moi?

– Parce que tu mérites qu'on répare les erreurs commises à ton sujet.

– Mais, monsieur Serge, ce n'est pas toi qui as commis ces erreurs.

– Tu as raison, Limou, lui répondis-je, mais l'important c'est que tu acceptes désormais d'apprendre à lire. Rappelle-toi que nous sommes tous responsables les uns des autres. Tu es beaucoup plus que tes difficultés en lecture. Ta valeur réelle est indéfinissable. Sache que tu es unique et que cette richesse-là est inestimable.

Au fil des semaines, sa collaboration à l'apprentissage de la lecture fut entière. Sa fierté de se savoir capable, un jour, de lire comme les autres se reflétait dans ses yeux, dans ses gestes, dans ses moindres paroles. Son intégration à l'école secondaire ne tarda pas et ses progrès confirmèrent ses capacités d'apprendre.

J'ai eu le bonheur de la rencontrer quelques années plus tard à un centre d'éducation pour adultes et d'entendre son engagement à obtenir son diplôme de fin d'études secondaires. Que je fus heureux !

J'ai compris alors qu'il ne suffisait pas de maîtriser les différentes méthodes d'enseignement. Il fallait absolument, pour enseigner de façon efficace, prendre le temps de bien connaître l'apprenant : ses goûts, ses peurs, ses expériences antérieures, son mode préférentiel de perception du réel (visuel, auditif, kinesthésique).

C'est en s'ouvrant à l'autre et en l'accueillant de façon inconditionnelle que l'on peut favoriser l'émergence de ses richesses intérieures, trop souvent ignorées.

Ma dernière histoire

Ma dernière histoire, je la dois à mon ami Luc et à madame Annie. Ils m'invitèrent, trois ans après mon départ de Pierre-Janet, à écrire une histoire pour aider un jeune de cinq ans qui avait perdu le contrôle de ses fonctions naturelles. Il souffrait d'encoprésie.

Ils firent appel à moi non pas à cause de leur impatience à résoudre ce problème, non pas à cause de leur confiance aveugle dans l'efficacité de mon outil d'intervention, mais uniquement parce que le père de cet enfant avait le même teint que le mien, la même nuance épidermique. Ils me l'ont avoué et je loue, encore aujourd'hui, leur sincérité. Leur intention, j'en suis persuadé, était pure. Ils se sont dit que ce jeune verrait sans doute en moi l'image de son père dont il est sans nouvelle depuis plusieurs années. Quoi qu'il en soit, cette expérience m'a beaucoup plu puisque les résultats obtenus furent satisfaisants.

En effet, dès la première rencontre avec cet enfant, une piste de solution avait été trouvée, le lien de confiance ayant été établi entre nous. J'avais besoin de sa collaboration pour augmenter les chances de trouver une issue favorable à cette impasse. Le terrain, heureusement, avait été très bien préparé par mes deux anciens collègues. Ayant posé mes cinq questions habituelles et obtenu l'approbation du petit canard à l'ensemble de mes suggestions, je constatai ses progrès qui se firent plus rapidement que prévu. En effet, au bout de trois rencontres d'environ une heure chacune, le petit canard avait non seulement recommencé à dire coin-coin, mais surtout il en avait compris le sens. Il a participé, mentionnons-le, à toutes les étapes de la «construction» de son histoire. Il avait littéralement joué, comme dans une pièce de théâtre, comme en psychodrame, chaque scène. Je lui ai suggéré le titre, puis il s'est mis à me raconter l'histoire du petit canard qui avait décidé de ne plus grandir, qui s'était sali les ailes et ne voulait plus aller dans le petit coin. Pour bien me faire comprendre, je lui ai demandé de marcher comme un petit canard, de s'asseoir sur un petit pot, de faire semblant d'avoir envie de... (j'ai insisté sur les mots «faire semblant»). J'ai eu réellement peur de le voir se laisser aller jusqu'à salir son pantalon. Il a donc simulé, en s'assoyant sur un petit pot, de se soulager, puis de s'essuyer les fesses comme il faut, de faire partir la chasse d'eau, de se laver les mains et de refermer la porte de la salle de toilettes. Dès cet instant, j'ai eu la certitude que les résultats suivraient. Trois rencontres ont suffi : le petit canard avait recommencé à être propre. Bien sûr, ce n'était qu'une étape. Il revenait par la suite aux autres intervenants de consolider les bases de la première victoire de ce petit canard.

Puisque cette histoire est inédite, je vous propose la lecture de l'intégralité du texte qui a aidé ce jeune à faire un pas victorieux sur le chemin de sa croissance.

Le canard heureux

Il était une fois un joli petit canard dont la couleur du plumage différait de celle des membres de sa famille. À cause de son jeune âge, il pensait qu'en grandissant il ressemblerait un jour aux autres.

Même si ses parents, ainsi que ses amis, éblouis par sa beauté, lui répétaient souvent : « Ah! Que tu es beau! », il continuait de souhaiter que son plumage devienne vert, jaune ou comme celui de ses frères et de ses sœurs, blanc.

Grâce à son intelligence et à sa gentillesse, ses amis l'invitaient sans cesse à s'amuser avec eux. Quand ils criaient « coin-coin », ils se retiraient tous dans le petit coin pour leurs besoins naturels. Le petit canard, souriant et fier, imitait ceux de son âge, heureux de grandir.

Un certain soir d'automne, sans doute à cause de la pluie qui soulevait la poussière aux alentours et éclaboussait son plumage, le petit canard cessa de participer à la danse joyeuse quotidienne. On ne l'entendit plus crier « coin-coin ».

Ses amis s'éloignèrent de lui. Il perdit son beau sourire en même temps que le goût d'aller dans le petit coin. Et plus il hésitait, plus ça faisait mal. Il lui arrivait même, parfois, de salir ses ailes. Ça ne sentait pas bon autour de lui.

Conscient des inconvénients causés par son refus d'aller dans le petit coin, il prit la sage décision de changer de comportement et accepta de se mettre à l'écoute de ses besoins. On l'entendit de nouveau crier « coin-coin. » Ah! Quelle joie!

Soudain, il retrouva son radieux sourire et ses nombreux amis. Depuis ce jour-là, chaque fois qu'il allait dans le petit coin, il se félicitait de se comporter comme un canard heureux de grandir. Il finit par comprendre que ses parents l'aimaient et qu'ils continueraient de l'aimer non pas à cause de la couleur de son plumage, mais parce qu'il était leur petit canard, lui aussi.

Ses parents, informés de son besoin particulier d'être rassuré, profitèrent des moindres occasions pour le réchauffer de leurs tendres ailes et lui redire leur amour. Les progrès du petit canard firent la joie de tous ceux qui rêvaient de le revoir sourire comme avant.

Quel bonheur d'apprendre que le petit canard chante désormais, et pour la vie entière, cette belle et rassurante chanson, sur l'air d'*Au clair de la lune*.

>J'ai le goût de sourire
>De me voir grandir
>Je me dis que demain
>Je serai bien mieux
>Je me vois déjà être
>Comme je voudrais
>Je me félicite
>De tous mes progrès.

Chapitre 5

Mes années d'enseignement aux adultes

Six mois se sont écoulés depuis la date officielle de ma retraite de l'enseignement. Je m'y étais préparé depuis plusieurs années en me promettant de profiter de ce temps de grâce pour lire et écrire. Quel beau projet !

Un certain matin, j'ai fini par comprendre que c'était plus facile à dire qu'à faire. Les élèves, oui, les élèves me manquaient terriblement. Il me faudrait du temps pour en faire le deuil. Combien ? Je n'en avais aucune idée.

Au risque de scandaliser mes collègues qui rêvent de ce jour pour jubiler, je prends de plus en plus conscience de n'avoir aucune aptitude pour la retraite. Ayant bifurqué vers une école de langues très réputée à Ottawa où j'ai eu le bonheur d'enseigner le français à des adultes anglophones, je m'estime aujourd'hui chanceux d'avoir été gentiment et chaleureusement accueilli au Québec par trois différentes directrices d'écoles secondaires fréquentées par des adultes. Le paradis sur terre ! Pas de discipline à faire. Une clientèle motivée, heureuse et assoiffée d'apprendre. Que pourrait-on désirer de plus quand on est enseignant ?

Je signale qu'au cours de mes premières années d'enseignement après le début de ma retraite, je travaillais surtout le soir avec des adultes confirmés. J'ignorais tout du comportement de ceux qui fréquentaient l'école durant le jour. La clientèle a rajeuni, semble-t-il, et le règlement, entre autres, sur l'interdiction de faire usage du cellulaire en classe constituait un véritable casse-tête pour bien des enseignants. Certains jeunes adultes étaient beaucoup plus que branchés à leur cellulaire. Ils y étaient soudés, incapables de passer une heure sans texter, c'est-à-dire sans envoyer de message électronique à un destinataire quelconque ou attendre la fin du cours pour prendre connaissance du contenu des messages reçus. C'était un véritable esclavage moderne. Ils étaient si attentifs à leur petit appareil qu'ils parvenaient difficilement à se concentrer sur la tâche en cours.

Pour pallier les conséquences d'une telle distraction et du même coup augmenter leur plaisir d'améliorer leur connaissance du fonctionnement de la langue française, je me suis mis un instant à leur place. Je me suis posé la question suivante : est-ce possible de mettre l'accent sur l'essentiel et de le présenter de façon à éveiller le goût de maîtriser au moins les principaux thèmes sur lesquels doit porter l'examen de français?

Je ne me suis pas contenté de m'interroger. J'ai pris le temps de répondre à cette question. J'ai donc résumé, en une trentaine de pages environ, certaines notions essentielles du programme de français. Plutôt que de leur remettre l'ensemble de mon texte, je leur en ai dicté quotidiennement une partie en même temps que je l'écrivais au tableau. Chacun des étudiants de la classe devait obligatoirement transcrire, dans un cahier reçu au début du cours - d'une durée de trente heures (cours d'appoint) - ce que j'avais moi-même écrit et expliqué avant de l'effacer et de poursuivre la dictée.

C'était ma façon de m'assurer que, dans mes classes, il n'y avait de place ni pour des visiteurs (élèves-touristes), ni pour des spectateurs passifs, ni pour des dormeurs à la recherche d'un coin tranquille pour se reposer en paix. Mon approche était dynamique et interactive. C'était un véritable système. Je proposais aux étudiants d'apprendre pour la vie, pas seulement pour la durée du cours. Je leur promettais, s'il m'arrivait de les rencontrer un jour, même bien long-temps après les avoir eus comme élèves, de leur demander de répondre au moins à une question fondamentale sur les différentes classes de mots de la langue française.

Cette question, la voici : combien y a-t-il de classes de mots variables et invariables ?

L'un de mes étudiants me remercia publiquement un jour pour mon idée, qu'il trouvait éclairante, d'illustrer le nombre de classes de mots variables par les cinq doigts d'une main. Il me dit candidement que, chaque fois qu'il serrait la main d'un collègue au bureau, il pensait immanquablement à mes « maudites » classes de mots variables.

Les cinq classes de mots variables (**Nom** – **Pronom** – **Déterminant** – **Verbe** – **Adjectif**) :

N - P - D - V - A.

Les trois classes de mots invariables (**Conjonction** – **Adverbe** – **Préposition**) :

C - A - P.

Agréable surprise

Au cours de l'été de l'année 2011, en sortant d'une caisse populaire à Gatineau, j'entendis une voix me deman-der : « Combien y-a-t-il de classes de mots variables ? »

C'était celle d'une de mes étudiantes adultes. Elle était accompagnée de sa mère. Elle avait suivi mon cours de syn-thèse grammaticale à l'école l'Escale. Elle m'a offert son large et réconfortant sourire de reconnaissance avant de me confier : « Monsieur, grâce à vous, j'ai pu réussir mon dernier examen de français de quatrième secondaire. J'ai obtenu 76 sur 100. Je n'ai jamais été aussi fière d'avoir enfin débloqué en français. Après mon accouchement – elle était enceinte de huit mois –, je retournerai terminer ma cinquième année du secondaire. Merci. Merci. Bonnes vacances ! »

De tels témoignages ont la valeur d'un baume sur les éventuelles égratignures ou blessures profondes dans la vie de tout enseignant.

Un autre cas de réussite exceptionnelle :

Il s'agit de J.D., un jeune adulte qui fréquentait le Centre l'Escale, à Gatineau. Il était inscrit à mon cours d'appoint intitulé Synthèse grammaticale. Élève assidu, attentif et heureux de comprendre enfin le fonctionnement de la langue française, il espérait être en mesure, un jour, de réduire le nombre d'erreurs commises en écrivant ses textes. Ayant échoué à ses examens de français de fin d'études secondaires, il n'avait pas pu obtenir son diplôme de l'école qu'il fréquentait l'année précédente, la polyvalente Nicolas-Gatineau.

En vertu des règlements, il devait suivre en entier tout le programme de français de cinquième secondaire et subir avec succès tous les tests qui s'y rattachaient.

Comme je donnais ce cours pour la première fois durant le jour à un groupe de jeunes adultes de cette école, j'avoue avoir manqué de fermeté à l'égard des moins disciplinés. Sur un total de vingt-cinq élèves inscrits, il y en avait deux ou trois qui passaient leur temps à chahuter au grand déplaisir du reste de la classe. Ils suivaient ce cours à contrecœur, étant obligés d'y assister. Le choix des élèves avait été fait par le professeur de français de chacune des différentes classes de l'école. Je souhaitais, à tort, terminer cette première expérience avec le même nombre d'élèves qu'au début, dussé-je, pour cela, mettre à l'épreuve la patience de certains. Je présente, une fois de plus, toutes mes excuses à ceux que mon indulgence excessive a dû froisser.

Depuis, j'ai appris que l'enseignant, quel que soit l'âge de ses élèves, a le devoir de faire preuve de courage pour chasser de sa classe ceux qui dérangent ou contreviennent aux règlements établis. Aucun élève sérieux et désireux d'apprendre n'est disposé à pardonner à son professeur de tolérer dans sa classe des importuns. Je regrette, encore aujourd'hui, d'avoir cru naïvement qu'ils modifieraient leurs comportements à la longue. Au contraire, cela devenait de plus en plus insupportable pour moi et pour l'ensemble de la classe.

En dépit de la présence de ces éléments perturbateurs qui ont abandonné le cours peu avant la date finale, un miracle s'est produit. J.D., notre élève motivé, avait fait tant de progrès qu'il était persuadé d'avoir comblé la plupart de ses lacunes. Il prit donc, au mois de novembre, la décision d'entrer en contact avec la direction de la polyvalente Nicolas-Gatineau, son ancienne école.

Il demanda, poliment et avec assurance, qu'on lui fasse subir une reprise de l'examen de français. Au mois de décembre, ce fut un jeune adulte heureux et plein de gratitude qui partageait, au téléphone, avec moi, sa joie débordante d'avoir réussi, grâce au cours d'appoint, son examen de cinquième année du secondaire.

Cette expérience me fut quand même profitable. En effet, quand je reçus une invitation à donner ce cours à un autre groupe la session suivante, je pris dès le début la décision d'épurer la classe et de montrer la porte aux élèves turbulants. Tout s'est très bien déroulé par la suite. J'avais appris qu'il fallait s'imposer dès le début en tant qu'enseignant. C'est très rassurant. Je me souviens encore de ce conseil de mon premier professeur de latin : «*Principiis obstat*», c'est-à-dire : « Oppose-toi, dès le début. »

Ma joie de vivre et ma joie d'enseigner s'alimentent mutuellement. Mon plaisir de poursuivre ma carrière d'enseignant à l'école de mes élèves croît avec le temps. Je continue de penser que le meilleur m'attend au prochain tournant.

Une expérience inédite

Cela s'est passé à Perkins, dans un centre d'éducation pour adultes situé à l'entrée d'un petit village au nord de Gatineau. La direction du Centre Nouvel-Horizon, dont dépend cette école, m'offrit un poste d'enseignant de français pour les mois de novembre et de décembre 2010. Sans la moindre hésitation, j'acceptai avec enthousiasme, car ma classe comptait un nombre raisonnable d'étudiants, douze environ.

Dès mon arrivée, soufflait déjà dans l'air, depuis plusieurs semaines, un vent de tension paralysante entre certains élèves. Il me fallut beaucoup de perspicacité et de patience pour éviter de l'intensifier, à la lumière des informations fournies par l'un ou l'autre des protagonistes de chacun des deux clans. Mon message, inspiré de prudence, fut formulé comme suit : « Quoi que tu m'apprennes au sujet de ton ancienne amie, aucun de nous, ni toi ni moi, ne parviendra à la changer. Elle seule en a le pouvoir si elle le désire vraiment en prenant conscience d'empoisonner aussi son existence en te déclarant la guerre ouvertement. » Ce climat de tension toxique me fit penser, un instant, à l'école du Ruisseau. L'incident avec Ti-Louis refit tout à coup surface et je revis son couteau que mon impassibilité a certainement contribué à rendre inoffensif.

Je fus malgré tout accueilli de façon convenable puisque j'avais eu l'occasion, au cours des dernières années, de remplacer, pour une journée ou deux, l'un des trois professeurs de français qui étaient passés par là. Je me suis présenté en affirmant d'emblée que je n'étais pas un simple remplaçant, mais bien un enseignant. Je leur fis savoir du même coup que je faisais partie intégrante de leur projet d'apprentissage et qu'avec leur collaboration et leur bonne volonté la réussite était assurée. Pour cela, je remis à chacun d'eux un petit carton sur lequel je leur demandais de m'écrire leurs objectifs à court, à moyen et à long terme.

« C'est quoi ça ? », me demanda l'un d'eux.

Les autres, perplexes, n'avaient pas non plus l'air de comprendre mon jargon. J'en ai profité pour leur préciser qu'un objectif n'était rien d'autre que le but que chacun d'eux se proposait d'atteindre soit par jour, par semaine, par mois ou pour l'année entière.

Pour leur faciliter la tâche, j'avais écrit ces questions au tableau :

1.   Qu'est-ce que je veux exactement en poursuivant mes études ?

2.   Combien de temps suis-je prêt ou prête à y consacrer afin d'atteindre mes objectifs ?

3.   Quand cela se produira : comment vais-je me sentir ? Qu'elle expression pourra-t-on lire sur mon visage ? Que dira-t-on autour de moi ?

4.   De quoi ai-je besoin pour atteindre mes objectifs ?

5.   Quelles sont les conséquences de cette réalisation sur moi-même, mes proches, mon milieu de vie et sur mon avenir ?

6.   Y-a-il des gains secondaires, des aspects positifs liés au fait de ne pas atteindre mes objectifs ?

7.   Que dois-je commencer à faire tout de suite, aujourd'hui-même, pour l'atteinte de mes objectifs ?

J'ai réalisé, à la lecture des principales réponses de mes élèves, que la plupart d'entre eux ne savaient pas ce qu'ils cherchaient à obtenir; ils avaient plutôt une idée claire de ce qu'ils ne voulaient pas.

En voici quelques-unes :

- Je ne veux pas passer une autre année avec le même cahier d'exercices sans le terminer.
- J'aimerais m'absenter le moins possible.
- Je souhaite ne pas être renvoyé de l'école au cours de l'année.
- J'espère ne pas revoir la face de ce prof de... qui me donne envie de...

J'ai dû expliquer la nécessité de définir leurs objectifs en termes clairs et positifs, c'est-à-dire d'exprimer ce qu'ils désiraient.

Ils ne se contentèrent pas d'adopter cette façon de procéder, ils s'engagèrent tous à y recourir un jour si cela s'avérait nécessaire.

Aussitôt après les remerciements pour leur participation, l'une d'entre eux, réputée pour le plaisir qu'elle éprouvait à tout critiquer, à tout démolir, s'avança vers moi et me dit :

– Es-tu capable de m'expliquer clairement ce qui est écrit ici, au milieu de cette page, sans me dire de niaiseries, comme l'a fait le remplaçant de madame S.?

– Oui, avec plaisir, répondis-je. Puis-je te demander, à mon tour, avant de répondre à ta question, d'une part, de t'adresser à moi sur un ton plus respectueux et, d'autre part, d'éviter de me parler des autres? Merci.

– Vas-y.

– Non, répliquai-je, j'attends une réponse, je veux m'assurer de m'être bien fait comprendre, car je suis allergique à l'impolitesse, même la plus subtile, et à l'irrespect également.

– Oui, je comprends, finit-elle par bredouiller.

Elle ajouta qu'elle était en colère parce qu'elle avait hâte de «sacrer son camp» de cette «maudite école».

Avant de retourner à sa place, elle me dit, d'un ton moins agressif :

– Merci, c'est clair.

Elle maîtrisait les principales règles de la grammaire française. Ses textes étaient écrits correctement et comportaient très peu de fautes d'orthographe. Un esprit vif, une intelligence remarquable.

Plus elle inspirait de l'antipathie, plus je prenais conscience de sa souffrance. Dans mon for intérieur, je répétais avec assurance la formule magique que m'inspira un étudiant de cette école, un poète, un auteur-compositeur, un pacifiste à la recherche de moyens pour dompter sa colère. Il fut enchanté de ma trouvaille même si je n'avais pas réussi à la formuler en termes positifs. La voici : « Tu n'es pas assez fort pour me faire perdre mon calme. » Ce qu'il faut de courage pour accepter de passer parfois pour un lâche en évitant la voie de la violence ! Il me vint tout à coup à l'esprit cette phrase que j'ai lue à l'âge de quatorze ans dans Comment se faire des amis, de l'auteur Dale Carnegie : « Mieux vaut abandonner un chemin à un chien plutôt que d'être mordu en essayant de lui disputer le passage, car, même en tuant le chien, on ne guérit pas la blessure. »

Chaque fois que je parviens à éviter les occasions de laisser la violence , même verbale, l'emporter sur ma capacité de me contrôler, je sens monter en moi une fierté puérile, indéfinissable.

Ainsi donc, à cette étudiante antipathique en apparence, il ne restait qu'un seul cahier d'exercices à compléter pour terminer son programme de cinquième secondaire en français.

En moins d'un mois, elle était prête à subir les examens officiels. Elle obtint 84 sur 100 en lecture et 86 en écriture. Après l'avoir félicitée, j'en ai profité pour lui rappeler que bientôt, après son exposé oral, elle pourrait «sacrer son camp d'ici », comme elle se plaisait à le répéter. ·

Elle n'avait pas l'air si pressée de nous quitter. En effet, trois semaines s'écoulèrent sans qu'elle parvînt à choisir une date pour son dernier examen pourtant soigneusement préparé en classe. Elle commença à s'absenter de façon inquiétante. Ses rares présences furent marquées par la recherche de confrontations avec une autre étudiante en particulier.

L'ayant convoquée pour lui demander ce qui justifiait une telle attitude de sa part, elle m'avoua, d'un air triste : « Monsieur, ça ne me tente pas de partir d'ici. Je n'ai pas envie de m'en aller ailleurs. » J'avais donc raison de croire que derrière chaque colère ou chaque comportement inacceptable se cache une peur.

Dans son cas, c'était celle de devoir se séparer des autres élèves. Partir en douceur, partir en harmonie aurait été trop douloureux. Pour masquer sa peine et se convaincre de ne rien perdre en s'en allant, elle cherchait la guerre. Heureusement que les autres, dans leur sagesse, l'avaient habilement évitée. Elle se présentait en classe pour se donner en spectacle. Elle avait besoin du regard des garçons et des filles du groupe pour se sentir vivante et importante.

Quand, enfin, elle se décida à choisir une date pour son exposé oral, elle s'apprêtait à désigner elle-même les rares étudiants qui auraient le droit d'y assister. Je l'ai devancée en invitant toute la classe à se présenter à la salle réservée à cette fin. Elle fut très surprise de constater que tous y étaient, même son ancienne amie à qui elle avait cessé d'adresser la parole depuis plusieurs mois.

Ce jour-là, elle s'est dépassée. Sa performance fut à la hauteur de son excellence. Elle avait, momentanément, déposé sa hache de guerre et répondu correctement et respectueusement aux nombreuses questions qui lui avaient été posées. Comme c'était sa dernière journée à l'école, elle exprima, en partant, son désir que je lui enseigne les notions contenues dans les cours complémentaires qu'elle devrait suivre ailleurs pour obtenir son diplôme de fin d'études secondaires. Elle était tellement intelligente et si studieuse qu'on avait tous la certitude que pour elle s'ouvrait un avenir prometteur. Souhaitons qu'elle fasse la paix avec elle-même et avec ceux de son entourage pour augmenter le plaisir de marcher à ses côtés. À quoi sert de faire le vide autour de soi et retarder ainsi la guérison de certaines blessures ?

Une autre étudiante

Une autre étudiante d'une vingtaine d'années donnait l'impression de s'être toujours vue dans un miroir déformant. Elle n'avait aucune confiance en ses capacités. Elle arrivait toujours à l'heure, se dirigeait à pas lents vers son pupitre, le regard fuyant. Pendant les dix minutes de pause, à la fin de chaque heure de cours, alors que les autres se dépêchaient de sortir de la salle soit pour fumer, soit pour se délasser ou pour consulter leur cellulaire, notre étudiante restait clouée à sa chaise. Par sa façon de se replier sur elle-même, il était clair qu'elle aurait préféré être ailleurs plutôt que dans ce lieu de torture. Je m'étais donné pour mission de la rassurer, sans la brusquer, de prendre le temps de faire une bonne révision avec elle en français avant son premier examen officiel.

Plus les jours passaient, plus elle essayait de me convaincre de son incapacité d'obtenir un résultat supérieur à la note de passage. Elle me répétait souvent : « Moi, monsieur, je veux seulement réussir et si je parvenais à obtenir 60 sur 100, je serais bien contente. »

De mon côté, j'insistais pour qu'elle adapte son discours à la nouvelle réalité de la personne qu'elle était devenue, c'est-à-dire à celle dont les progrès étaient réels et indéniables. J'ai vite compris l'urgence de changer sa propre vision d'elle-même.

Un beau matin, je lui ai demandé de choisir une date pour subir son premier examen officiel de français. Comme je m'y attendais, elle répondit :

– Je ne pense pas être prête, monsieur.

– Bravo ! lui répondis-je.

– Comment ça bravo ! Tu me félicites de n'être pas prête.

– Non, répliquai-je, je te félicite d'avoir compris la nécessité de bien te préparer à obtenir au moins 85 sur 100 pour chacun de tes examens à venir.

– Es-tu malade ?

– Non, je ne suis pas malade et je n'accepte pas que tu me parles ainsi. C'est impoli et je te demande de reprendre ton mot.

J'écrivis alors sur une feuille « Es-tu malade ? ». Elle s'en empara et ajouta :

– Je reprends mon mot. Excuse-moi de te parler comme ça, mais je veux que tu saches que tu exagères, poursuivit-elle.

– Non, je n'exagère pas. Ce serait injuste de ma part de ne pas te demander de commencer dès aujourd'hui à te respecter en espérant obtenir 85, voire 90 sur cent en français. Pas d'autorisation de te présenter à la salle d'examen sans l'engagement de travailler conformément à tes capacités.

Deux semaines plus tard, elle fit sa demande de subir son premier examen en m'avertissant de ne pas trop lui en vouloir si elle ne parvenait pas à obtenir 85 sur 100.

Elle fut très surprise de ses résultats : 82 sur 100 en lecture. Elle disait à haute voix :

– Non, ce n'est pas moi, ce n'est pas possible.

L'ayant félicitée, je l'ai invitée à redoubler de confiance en elle-même et à s'engager à obtenir désormais 85 ou 90 sur 100 pour ses examens, quels qu'ils soient. Depuis ce jour, elle n'a cessé de se dépasser. Ses notes en français et en mathématiques ont toujours été supérieures à 85 sur 100. Elle a retrouvé le sourire qu'elle avait perdu bien avant son arrivée au centre d'éducation pour adultes. Elle accepta de sortir de la classe en même temps que les autres étudiants à chacune des récréations. À l'heure du dîner, plutôt que de se rendre chez ses parents, elle rejoignait les autres pour manger avec eux soit à la grande salle, soit au restaurant du coin.

Un certain midi ensoleillé du mois de mai, elle avait réalisé tant de progrès qu'elle s'en alla avec quelques-uns de ses amis sans se présenter en classe. La jeune adulte en apparence soumise, timide et soucieuse de respecter l'autorité, venait enfin de s'affirmer en faisant l'école buissonnière. J'ai dû me raisonner pour ne pas la féliciter d'avoir choisi librement de s'absenter durant l'après-midi. J'étais fier de la voir oser se faire plaisir sans se culpabiliser. En effet, elle avait droit à dix pour cent d'absence par mois et elle s'était toujours rendue en classe non par conviction, non par un choix libre, mais par peur de déplaire en manquant même une heure de ses cours.

Loin de moi l'idée de faire l'éloge de l'absentéisme ni d'y voir un signe de croissance. La voie du conformisme aveugle débouche rarement sur le boulevard de la maturité. La peur n'est-elle pas la pire des conseillères ?

Une histoire mirobolante

Si je n'avais pas été témoin d'un tel cheminement, j'aurais eu moi-même, je l'avoue, beaucoup de difficulté à y croire. Il s'agit du parcours d'une jeune adulte, mère de deux enfants. À mon arrivée à Perkins, au mois de novembre de l'année 2010, elle venait de commencer le premier des deux cahiers d'exercices de première secondaire en français. Comme je la rencontrais pour la première fois, je n'osais pas la contredire quand j'ai lu sa réponse à la question relative à ses objectifs. Elle avait écrit : « Je veux terminer mes études secondaires avant la fin de cette année scolaire. » Sceptique, je me suis dit : « Ou bien elle se moque de moi ou bien elle n'a aucune idée de ce dont elle parle. »

Je me suis contenté, pour tout commentaire, de la féliciter d'avoir rempli mon questionnaire et d'avoir ainsi une idée claire du chemin à parcourir. Elle se mit aussitôt au travail. En moins d'une heure, elle avait complété la moitié de son premier cahier d'exercices. La récréation terminée, elle poursuivit sa tâche avec acharnement, sans que rien ne la distraie. Avant la fin de la troisième heure de cours, elle réclamait déjà le test préparatoire à son examen officiel. Comme elle l'avait réussi en ne commettant que deux ou trois erreurs d'inattention, elle reçut son second cahier d'exercices en attendant l'arrivée, le lundi de la semaine suivante, de la personne responsable de la sélection et de la supervision des examens officiels du ministère de l'Éducation. L'ardeur au travail de cette étudiante n'était pas qu'un feu de paille. La rapidité avec laquelle elle passait d'un cahier à un autre était étourdissante. Son application à l'étude était exemplaire. Aussi incroyable que cela puisse paraître, cette jeune adulte a réussi, en sept mois, ce que la plupart des étudiants mettent plusieurs années à réaliser. En effet, du début du mois de novembre à la fin de mai, elle est passée de la première à la quatrième année du secondaire inclusivement.

Il en fut de même en mathématiques et en anglais. Elle était tellement motivée qu'elle encourageait les autres étudiants à se présenter à leurs cours. Elle faisait alors chaque matin le tour du village pour faciliter la tâche à ceux et à celles qui n'avaient pas de moyen de transport. Elle était parfois déçue de s'être dépêchée afin d'arriver à l'heure sans être parvenue à réveiller quelques-uns d'entre eux. Elle mettait gratuitement son temps et sa voiture au service des autres. Elle avait une telle conscience des bienfaits de l'instruction qu'elle désirait, au plus profond d'elle-même, convaincre ses amis de profiter de l'occasion qui leur était offerte pour fréquenter régulièrement l'école afin d'obtenir leur diplôme d'études secondaires. Elle avait tant appris à l'école de la vie qu'elle mériterait de recevoir un doctorat en détermination. Son parcours fut si impressionnant qu'elle gagna, lors du gala de fin d'année organisé par le Centre Nouvel-Horizon, pour sa persévérance, un prix d'excellence accompagné d'une bourse d'études.

Quelle lumière dans ses yeux! Quelle victoire sur son passé de «décrocheuse»! Quelle découverte de la vivacité de son intelligence! Elle détenait, il faut bien l'avouer, un atout majeur : son inébranlable et dévorante passion de la lecture. Elle éprouvait un réel plaisir à lire et se nourrissait sans cesse de livres, contrairement à la majorité des autres étudiants adultes. N'avais-je pas raison de leur répéter à haute voix au moins deux fois par semaine cette phrase : « Celui qui lit est sauvé pour la vie »?

Cette élève d'une vingtaine d'années environ aurait certainement atteint l'objectif de terminer ses études secondaires à la fin du mois de juin. Malheureusement, ce centre d'éducation pour adultes a dû fermer ses portes en raison de nombreux abandons au profit du marché du travail. Notre étudiante était fort déçue en apprenant son transfert à une autre école, à la fin du mois de mai.

Sa flamme, me confia-t-elle, vacillait. Elle doutait de pouvoir l'alimenter adéquatement et ainsi l'empêcher de s'éteindre.

J'ai su, quatre mois plus tard, soit en septembre, qu'elle n'avait pas réussi, au cours de l'été, à s'adapter à sa nouvelle école. Quoi qu'il en soit, en dépit de ma déception, j'avais beaucoup appris au cours de ces sept mois passés à cette ancienne bibliothèque transformée en centre d'éducation pour adultes.

Les dix leçons que m'ont apprises
les étudiants adultes

Continuer d'inviter les étudiants, dès le premier jour de classe, à se fixer des objectifs clairs et prendre le temps de les relire avec eux périodiquement.

Croire, en dépit des apparences, que des fleurs odorantes peuvent éclore même sur des tiges étiolées.

Être très attentif autant au comportement exemplaire des étudiants les plus studieux qu'à celui agaçant des plus dissipés.

Rappeler sans cesse à l'ordre et veiller à l'application des règles établies pour que la salle de classe soit un lieu propice à l'apprentissage, au respect mutuel et à l'épanouissement de tous.

Avoir à cœur de ne blesser personne, de prendre le temps de bien observer ce qui se passe autour de soi, d'apprendre à mieux connaître les étudiants afin de se comporter avec dignité conformément à ses propres valeurs, à son jugement et à ses expériences antérieures.

Continuer de croire qu'en tout être humain coule une source intarissable de possibilités.

Considérer les étudiants, indistinctement, comme étant dignes de respect et faire confiance au désir de croissance et à la soif d'espérance de chacun d'eux.

Intervenir le plus rapidement possible afin de condamner la moindre violence verbale, le moindre geste d'intimidation, le moindre comportement inacceptable afin d'assurer la sécurité et le respect de tous.

Éviter toute prophétie autoréalisatrice malveillante comme : « Tu ne pourras jamais... », « Tu seras, plus tard... », « Je me demande si un jour... »

Se méfier de sa bonne réputation : la mériter jour après jour.

Certaines phrases regrettables et inacceptables sont sorties, hélas, au dire de quelques-uns de mes élèves, de la bouche de plus d'un enseignant. J'ai peine à le croire. Il ne suffit pas de dénoncer les auteurs de ces impardonnables écarts de langage, il faut sévir contre eux et exiger réparation.

Je m'estime chanceux de pouvoir ajouter, grâce aux sympathiques et attachants étudiants adultes que j'ai côtoyés, une page lumineuse au dernier chapitre de ce livre relatant mon passage à l'école de mes élèves. La décision de garder

intacte cette ultime expérience enrichissante a été prise dès
la fermeture de cette école au mois de mai de l'année 2010.
J'avais vidé mes tiroirs, rangé mes cahiers et mes livres, et
promis à mon entourage de consacrer prioritairement mes
heures libres à lire et à écrire, mes deux autres passions.

Pourrai-je, cette fois, tenir parole ?

Annexe 1

Témoignages de quelques étudiants adultes : dix ex-décrocheurs

Regarde d'où je viens, regarde où je suis et regarde où je m'en vais!

De nos jours, le décrochage scolaire est devenu un fléau à la grandeur du Québec. Chaque année, c'est plus de 18 200 jeunes étudiants qui décrochent, se trouvant ainsi souvent sans avenir.

Cela fait près de quatre ans que j'ai accroché mon sac à dos. « Je ne veux plus rien savoir de l'école », me disais-je. La polyvalente, c'était une vraie jungle, surtout Nicolas-Gatineau, une des plus grandes au Québec. Par contre, il a bien fallu que je me heurte à une réalité : « Si tu ne vas pas à l'école, tu dois travailler », me disaient mes parents. Trouver un emploi ce n'est pas facile quand tu es le moins qualifié, quand tu n'as pas d'expérience particulière et qu'en plus de cela, tu n'as pas de voiture. Dans ces cas-là, le travail se fait rare. D'un autre côté, les emplois que l'on réussit à dénicher sont souvent temporaires et, ainsi, on doit recommencer nos démarches pour trouver un autre emploi.

Au bout de quelques années, on se rend compte de notre erreur, on se rend compte que la vie n'est pas toujours rose et que même si aller à l'école n'est pas évident, il y a pire. On comprend en vieillissant que l'on doit mesurer ses actions et ses décisions à long terme parce qu'au fond les études, c'est une étape de la vie à passer pour pouvoir bénéficier d'un meilleur avenir. Finir mes études - au moins obtenir mon diplôme de cinquième secondaire - j'y avais déjà songé, c'est sûr ! Ma mère serait si fière...

Il est arrivé un moment où tout est devenu clair. Ce regard, vous savez, le regard de quelqu'un qui vous méprise, qui vous regarde de haut comme si vous étiez pitoyable ? Ce regard-là, je l'avais remarqué, mais à l'époque, j'étais indifférent à ce que le monde pensait de moi. Cependant, un jour, ça m'a frappé. Pourquoi cela était-il différent ? Parce que j'étais conscient de ce que j'étais devenu, conscient de tout ce que je gaspillais : mes talents, mon potentiel, mon temps, ma jeunesse et ma vie. J'avais honte de moi, de cette personne que j'étais devenue. Rien de ce que je faisais ne me rendait fier. Vous savez, lorsque vous rencontrez quelqu'un et qu'il vous demande : « Que fais-tu dans la vie ? » Cette interrogation était le meilleur moyen de me déprimer. Je dois l'avouer, j'ai toujours eu de l'ambition, mais jamais le courage de foncer. C'est malheureux et je n'en suis pas fier, cependant, l'important, ce n'est pas notre passé, parce qu'aujourd'hui je peux dire : « Regarde d'où je viens, regarde où je suis et regarde où je m'en vais ! »

La vie ne nous fait pas toujours de cadeaux. Parfois, c'est nous qui ne nous en donnons pas, mais on peut aller de l'avant. On n'a qu'une vie à vivre. Alors, profitons-en au maximum. C'est pour ça que j'invite tous ceux qui ont décroché, jeunes ou moins jeunes, à raccrocher. Que cela puisse faire quelques mois ou plusieurs années, peu importe, même si votre intention n'est pas de poursuivre de longues études, obtenez votre diplôme, faites-le pour vous. C'est une grande source de fierté et d'accomplissement personnel.

Bonne chance
Michaël

Mon histoire

Bonjour, je me nomme Vanessa et j'ai 22 ans. J'ai reçu une demande très spéciale, d'un professeur tout aussi extraordinaire que cette demande d'écrire mon expérience de l'école dans ce merveilleux livre. Mon expérience de la vie étudiante commença ainsi : Je n'ai jamais vraiment été une personne qui aimait l'école.

Dès mon plus jeune âge, je ne voulais déjà plus y aller. Je n'ai pas facilité la tâche à ma mère qui a toujours su se montrer forte face à ma constante rébellion envers l'école. J'ai toujours été une femme de tête, une personne qui n'aimait pas se faire dire quoi faire ou ne pas faire. Alors, pour moi, un professeur qui donne des ordres et qui exige quelque chose de moi ne mérite pas mon respect. Je n'étais pas l'élève modèle, loin de là. Je peux dire que j'ai donné du fil à retordre à plusieurs de mes professeurs. Et pourquoi cela ? vous demandez-vous sans doute. Moi, je vous répondrai que ce n'est la faute que d'une seule personne : ma professeure de première année. Malheureusement, elle m'avait choisie, moi, comme bouc émissaire. J'ai vécu l'enfer, des choses que ma mère a vainement tenté de dénoncer. C'est à partir de ce moment-là que j'ai commencé à haïr l'école au plus haut point.

Mon entrée au secondaire.

J'étais si fière d'avoir été capable de me rendre jusque-là malgré le sentiment de haine que j'avais envers l'école. J'étais aussi d'autant plus fière que j'avais été acceptée en concentration arts plastiques à la polyvalente Nicolas-Gatineau. Tout allait bien jusqu'au jour où mon professeur d'écologie, que je n'aimais pas et qui ne m'aimait pas, décide de toujours m'envoyer au 254, le local de retenue. Je n'avais même pas le temps d'entrer dans la classe qu'il me demandait d'aller dans ce lieu de torture. Alors, encore une fois, je me suis mise à détester l'école, les professeurs, ainsi de suite. C'est à partir de ce jour que j'ai commencé à ne plus aller à mes cours, à inventer toutes sortes d'histoires à ma mère afin de rester à la maison et à ne plus respecter les professeurs, qu'ils soient gentils avec moi ou non, c'était fini. Je croyais que j'avais suffisamment essayé et que personne ne reconnaissait mes efforts. J'ai alors pris une décision : celle d'arrêter de fréquenter l'école et d'aller travailler.

À l'âge de 13 ans, abandonner l'école pour le marché du travail était inacceptable, mais ma décision était bel et bien prise. À ce moment, la DPJ (Direction de la protection de la jeunesse) entra dans le portrait et voulut m'obliger à retourner à l'école. J'ai alors décidé de me sauver de chez moi pour qu'on ne me trouve pas. Je suis partie jusqu'au jour où ils ont décidé de fermer mon dossier. La nouvelle année scolaire commença. J'acceptai de retourner à l'école, mais la DPJ est revenue à la charge et quand j'ai aperçu un des représentants de cet organisme consacré à la protection de la jeunesse dans le bureau de la direction, j'ai pris mes jambes à mon cou et je suis partie pour ne plus jamais revenir. C'était fini pour moi l'école. Je voulais travailler et gagner ma vie.

Le marché du travail n'était pas aussi facile que je le croyais. Je n'avais que 14 ans à cette époque. Alors, se trouver du travail était quand même assez difficile, mais j'ai réussi. Mon premier emploi était celui de femme de chambre à l'hôtel

Best Western à Hull. Je n'aimais pas ça, mais c'était ça ou l'école. Alors, j'ai continué à faire mon boulot et j'endurais. Un jour, je me suis fait offrir un travail dans un salon de bronzage (La Casa Del Sol) que j'ai accepté tout de suite. J'aimais vraiment ce travail. Les choses ont changé dès l'apparition des premiers signes de ma grossesse. En effet, tomber enceinte à 15 ans ce n'est pas facile. Par contre, malgré ce que les gens en pensaient, j'ai pris à ce jour la plus dure, mais l'une des plus belles décisions de ma vie : garder mon bébé.

J'ai continué à travailler jusqu'à ce que mon médecin me mette en arrêt de travail. Après avoir accouché d'un superbe petit garçon, j'ai pris la décision de me louer un appartement toute seule avec ce petit être si fragile et qui était mon ange descendu du ciel. Ensuite, trouver un travail avec un enfant à charge n'était pas si facile. J'ai travaillé ici et là jusqu'à ma deuxième grossesse à l'âge de 18 ans. À ce moment, je travaillais chez The Brick. Quand je leur ai appris la bonne nouvelle, ils ont décidé de me congédier. Je suis alors restée à la maison avec mes deux anges pendant encore un an jusqu'à ce que ma fille entre à la garderie. Nous avions beaucoup avancé au cours des années et le travail demandait de plus en plus de scolarité et je n'avais complété que ma sixième année du primaire. Je n'ai pourtant pas baissé les bras et j'ai continué à chercher un travail sans jamais en trouver, car je n'avais pas suffisamment fréquenté l'école.

Les employeurs croyaient que je n'étais pas intelligente ou je ne sais trop. Après deux années à chercher en vain, j'ai pris, une fois de plus, une autre décision parmi les plus importantes de ma vie : reprendre le chemin de l'école, malgré la peur et la haine que j'avais envers celle-ci. J'y suis retournée et je suis très fière de ma décision. C'est ainsi que j'ai pu retrouver ma confiance en moi-même et en mes capacités à accomplir de belles et grandes choses pour moi et mes enfants.

Un grand homme, mon prof de français, m'a dit un jour : « Même si tu n'aimes pas l'école, sache que l'école t'aime, alors il faut apprendre à l'aimer, toi aussi. »

Je finirai ce texte en disant le plus grand des mercis à deux professeurs extraordinaires à mes yeux et qui m'ont toujours soutenue malgré la tête de cochon que j'avais. Merci à toi Serge Cham et à Pierrette dont je ne mentionne pas le nom de famille pour respecter son anonymat. Merci du fond du cœur et vous serez toujours, toujours dans mon cœur jusqu'à la fin des temps. Vous êtes des personnes débordantes d'humanité, ayant du respect, de la gentillesse, de la fidélité et de la joie à faire ce travail. Je vous aime et merci encore. C'est grâce à vous si je suis qui je suis aujourd'hui.

Vanessa

Quand j'ai décidé d'abandonner la polyvalente pour un centre d'éducation pour adultes, je n'avais pas encore la maturité pour réussir. Tout allait bien au début, mais comme j'étais en compagnie de beaucoup d'amis, je ne prenais pas l'école au sérieux. J'ai donc commencé à travailler le matin et j'avais des cours en après-midi, mais je n'y allais jamais : la motivation était partie. J'ai donc cessé d'y aller pour donner la priorité à un travail à plein temps.

J'ai gardé cet emploi pendant deux ans. J'aimais mon travail, mais j'ai vite réalisé que ça n'allait m'avancer à rien dans la vie si je continuais dans cette direction. J'avais tellement le goût de revenir aux études, mais pas le courage de laisser mon emploi. Chaque jour, ces paroles me revenaient : « Tu es encore jeune, retourne à l'école pour un meilleur avenir. » Un beau matin, j'ai cessé de travailler. Ayant pris ma décision, j'ai foncé. Première chose : j'ai fait les démarches pour recevoir de l'argent pour retourner aux études. Je savais que la motivation serait ainsi au rendez-vous. Après une courte rencontre avec une agente du « CLE » (centre local d'emploi), j'ai été acceptée. J'étais la personne la plus heureuse sur terre. Ça me donnait une chance d'avoir un meilleur avenir. Je suis de retour à un centre d'éducation pour adultes avec la maturité, la motivation que je n'avais pas au début et je me sens bien. Je n'ai plus l'impression de gâcher ma vie. Maintenant que je suis enfin revenue, je suis fière de ma décision et la motivation est là plus que jamais. J'ai vraiment l'intention de continuer et d'aller loin.

Karianne

Les raisons de mon abandon scolaire sont très nombreuses : les autres élèves, quelques enseignants, l'intimidation verbale et quelquefois physique... Tout a commencé en maternelle. J'avais six ans. Je me faisais traiter de jambe de bois parce que mon frère est venu au monde avec un handicap physique. Ce surnom m'a été désigné jusqu'au départ des élèves les plus âgés de cette école primaire. Je n'avais qu'un seul ami, mais, à cause de notre amitié, je me faisais encore agacer davantage ! Pendant les récréations, les jeunes grimpaient sur une structure de métal que nous nommions «la toile d'araignée » et me disaient : « Viens jouer avec nous ». Moi j'étais contente car je croyais que j'avais enfin des amis. Malheureusement, arrivée en haut de la structure, ils me poussaient en bas. Je me rappelle aussi qu'une fois, un garçon plus âgé que moi a baissé mes culottes devant tout le monde. Heureusement que ma grande sœur était là pour me défendre. Ce genre de choses a duré jusqu'en troisième année environ. Du début de ma troisième année (primaire), lorsque je me suis mise à engraisser, j'étais alors la petite grosse aux dents croches, jusqu'en troisième secondaire. Tout ça a cessé lorsque je me suis presque rendue anorexique. Je n'allais pas bien du tout, mais bon, au moins j'étais mince, très mince.

Encore au primaire, les élèves m'écrivaient des messages pleins d'insultes, les cachaient dans mes bottes et riaient lorsque je les lisais. Ils ont même déjà mis de la «merde» sous mes bottes; au moins ce n'était pas dedans! Dans la classe, dans les corridors, à l'heure du midi, aux récréations, dans l'autobus, partout et tout le temps, il y avait toujours quelque chose. Toujours. Malgré tout ça, il y avait encore pire : les présentations orales! C'était le meilleur moment pour rire de moi, et les professeurs, trop stupides pour me prendre à part, m'obligeaient à les faire en présence de tous les élèves. Les rares profs qui avaient le désir de me défendre manquaient de courage pour aller jusqu'au bout. Comme je n'avais pas le droit de sortir pour pleurer, je me cachais presque la tête dans mon pupitre, que je ne pouvais ouvrir, pour faire semblant de chercher quelque chose pendant longtemps. Je ne dirai pas tout, car ce serait trop long. Ce ne serait plus un témoignage, mais un roman! Je sais qu'il y a certainement d'autres élèves qui vivent ou ont vécu pire, mais je peux vous confirmer que je ne me rappelle pas une journée où je suis arrivée à la maison sans pleurer. J'avais tellement hâte d'être au secondaire!

Je me disais que là au moins les élèves sont plus vieux et plus respectueux les uns envers les autres. Je ne l'aurais jamais cru : même certains professeurs sont pires! À chaque année de mon secondaire, il y en avait toujours au moins un qui était sur mon dos tel que ma prof de géographie et d'histoire en première secondaire, je ne sais pas pourquoi. Mon prof d'anglais, encore ce niveau, a perdu, lui, un de mes examens et a exigé que je le refasse. J'ai refusé net. Il m'a demandé, à défaut de refaire l'examen, de lui écrire une belle réflexion. Je n'ai écrit qu'une seule phrase et j'ai été suspendue. Ce prof est parti en congé de maladie. Son remplaçant m'a adorée. Pourquoi? Parce qu'une journée, les jeunes chahutaient, comme d'habitude, sauf moi qui essayais de travailler. Alors, ce remplaçant a décidé de lancer des morceaux de craie. J'en ai reçu un. Je l'ai attrapé et lui ai lancé à mon tour. Il s'est brisé en trois sur son front où il a eu un hématome visible pendant trois semaines. C'est là que j'ai compris qu'il fallait que j'aie un sale caractère pour être respectée.

En deuxième secondaire, c'était mon professeur d'éducation physique qui refusait de comprendre que j'avais de bonnes raisons pour ne pas aller à la piscine. Je ne voulais pas me montrer en costume de bain devant tout le monde. Quant au cours de mathématiques, comme l'enseignant n'y connaissait rien, j'ai échoué à l'examen. Et encore un prof de géo et d'histoire, mais pas le même, qui ne m'aimait pas parce que j'étais toujours en compagnie d'un élève avec lequel il ne s'entendait pas. Il s'arrangeait pour ne pas me laisser réussir. Il s'est donné comme excuse qu'il ne comprenait pas un de mes dessins (c'étaient des bâtiments et des arbres. De plus, j'ai toujours eu quatre-vingt sur cent et plus en art...)

En troisième secondaire, on n'a jamais eu un vrai prof de français, sauf deux semaines avant les examens du Ministère. Mon prof de math, lui, était un vrai prof de math. Il a décidé de m'ignorer. Je levais la main, il passait à côté de moi et me regardait, il ne me disait rien et continuait. J'ai pratiquement tout fait. En dernier lieu, j'étais debout et criais « Hou ! Hou ! Monsieur. J'ai une question ! Allo ! » Rien. Il a changé d'attitude lorsque je suis entrée dans la classe en l'humiliant, en lui disant qu'il ne valait rien. Je lui ai exprimé ma colère en lui demandant si ça ne le dérangerait pas trop d'être obligé de ne plus m'ignorer. Je n'ai jamais compris les raisons pour lesquelles je n'ai pas échoué aux examens de fin d'année en mathématiques.

En quatrième secondaire, la dernière année à la polyvalente, c'était ma prof de science qui est devenue ma pierre d'achoppement. Elle faisait tout, tout, tout pour me mettre en colère. Elle y est parvenue, finalement. Elle a même fait rager mes parents. La raison : au début de l'année, c'était une autre prof que l'on avait et elle nous avait dit d'acheter tel cahier, mais ce n'était pas le bon. Alors, quand elle est arrivée, elle nous a tous dit d'aller acheter un autre cahier, le bon. Malheureusement, avec tous les autres groupes et toutes les autres écoles qui avaient acheté ce cahier, il n'en restait plus. Il fallait attendre que la librairie Réflexion en commande d'autres et les reçoive. Moi, j'attendais que le magasin m'appelle pour me dire qu'il en avait reçu. Aucun appel. Alors, pas de cahier pour moi ni pour cinq ou six autres élèves de mon groupe. La prof a donc décidé de les acheter et de nous les vendre. La journée où elle les avait, mon argent était dans mon casier puisque je n'avais pas de poches cette journée- là à cause de mon uniforme et que les sacs à main étaient interdits en classe. Je lui ai donc demandé si je pouvais aller chercher mon argent. Elle ne voulait pas. Le cours d'après, je lui ai demandé si elle pouvait me faire des copies du cahier. Elle dit à haute voix : « Ceux et celles qui n'ont pas leur cahier et qui veulent des photocopies, suivez-moi à la pause. On se donne rendez-vous à la photocopieuse. »

Bon, elle se décide enfin! J'avais quand même deux mois de retard. À la pause, je l'ai suivie. Elle a donné des copies aux autres, sauf à moi. Je me souviens encore de l'expression de satisfaction sur son visage. Mes parents ont déposé une plainte au directeur. Celui-ci est venu me chercher pendant un cours de math et m'a tout simplement dit : « Je te laisse la chance de passer ton examen une semaine après les autres, mais il sera différent de celui qui a été préparé pour l'ensemble des élèves de la classe. En attendant, emprunte le cahier de quelqu'un. »

Ouf! Les élèves, les profs, maintenant le directeur? Non, je n'étais plus capable d'endurer ça. C'est à partir de ce moment que j'ai commencé à penser très fort à abandonner l'école, mais je ne voulais pas décevoir mes parents. Je me suis dit : « Sans études secondaires, il y a peu de chance d'avoir et de s'employer à quelque chose qui, à la fois, nous plaît et nous permet de gagner notre vie. » J'ai continué encore à aller à l'école. En sciences, je dormais dans la classe, j'étais fatiguée de tout ça et de toute façon, je ne voyais pas de solution. Mon père m'a téléphoné pour me dire : « Vide ton casier, je m'en viens te chercher. Si tu ne le vides pas, c'est moi qui vais le vider. » Je l'ai vidé moi-même! Mes parents m'ont dit que c'était mieux que j'aille à un centre d'éducation pour adultes. Honnêtement, j'avais aussi peur de laisser la polyvalente que d'aller avec des adultes, même si je n'étais vraiment, mais vraiment pas capable de rester à mon école. Tout compte fait, ce sont mes parents qui m'ont retirée de là. Mais je vous jure, malgré la peur d'aller poursuivre mes études secondaires ailleurs et risquer de ne plus avancer, ma décision d'abandonner était prise. Si j'avais un mot à dire à ceux et à celles qui ont de la difficulté avec n'importe quoi (les matières, les autres élèves, les professeurs, la direction, etc.) et qui veulent sérieusement avancer, ce serait le mot : courage. Car finalement, ici, à cette école fréquentée par des adultes, j'ai tout gagné : la confiance en moi, la confiance en mes capacités, le respect et surtout, la réussite.

Roxanne

Vers l'âge de huit ou neuf ans, à mon école, une prof maltraitait ses élèves. Elle nous tapait sur les doigts avec une règle si elle n'était pas satisfaite de notre travail ou de notre comportement. Lorsque l'un de nous se retournait pour demander une gomme à effacer, une paire de ciseaux, peu importe, cette dame prenait sa main, la posait sur la tête de l'élève fautif et d'un mouvement brusque elle lui faisait une vive torsion qui était loin d'être agréable. À l'occasion d'une rencontre de parents, elle osa dire à ma mère : « Plus tard, votre fille sera sur le B.S. ! »

À cause de mes difficultés à l'école primaire, j'ai perdu ma motivation. Je voyais les professeurs d'un autre œil. Depuis ce jour, je n'ai plus jamais gardé ma langue dans ma poche. Lorsque j'avais quelque chose à leur dire en bien ou en mal, je le disais !

Je n'ai pas vraiment abandonné l'école. Je me suis juste révoltée contre elle. Mais aujourd'hui, j'ai appris à ne pas être rancunière et j'ai compris qu'il fallait poursuivre mes études, pour moi, non pas pour les autres. C'est à moi de décider du genre de vie que je veux mener.

Sarah-Jessyca

Quand j'étais au secondaire, j'étais une petite qui se battait toujours, qui parlait beaucoup. J'avais un milieu social trop important et j'ai décidé, trois années plus tard, de quitter l'école parce que je n'avais aucune concentration. Alors, je suis partie de Nicolas-Gatineau pour aller à une école pour adultes où je ne connaissais personne.

J'avais pris cette décision avant même d'avoir quitté la polyvalente, parce que j'étais définitivement déterminée à faire quelque chose de ma vie. J'ai eu plusieurs personnes pour m'aider, et je remercie mon professeur de français de croire en moi aujourd'hui.

Jennifer

Moi, Justin, j'ai abandonné l'école parce que j'ai eu un terrible accident dans un autobus scolaire le matin du 11 mars 2009 à Val-des-Monts, en Outaouais. Je ne me suis pas remis de cela et aussi je n'avais pas les parents pour m'aider à poursuivre mes études.

J'ai accepté de fréquenter un centre d'éducation pour adultes parce que je veux aller loin dans la vie, avoir une bonne job, un beau char, une belle maison et aussi beaucoup d'argent pour que mes enfants et ma blonde ne manquent de rien.

Justin

J'ai abandonné l'école à ma deuxième année du secondaire, car je n'arrivais plus à me concentrer avec tous ces élèves qui parlaient et riaient toujours. Je vous avouerai que moi non plus, à un certain moment, je n'ai pas donné ma place, mais cela n'a pas duré longtemps. J'ai mûri très vite. Je voyais que les professeurs ne faisaient rien. Moi, je ne comprenais plus mes matières et les enseignants me réprimandaient, car je leur demandais trop souvent des explications. Il y avait beaucoup d'élèves qui consommaient de la drogue, de l'alcool durant les pauses et tout le monde était séparé en différents groupes : les fumeurs de drogues, les «bolés» et les mis de côté soit parce qu'ils étaient mal vêtus ou bien parce qu'ils n'étaient pas beaux extérieurement. Je sentais tout cela comme une lourdeur insupportable sur moi. Alors, j'ai préféré quitter l'école pour me sentir libérée.

Je voulais y retourner depuis quelques années déjà, mais je n'avais aucune ressource financière pour y parvenir. Le gouvernement ne voulait pas m'aider monétairement, car mon conjoint travaillait. Alors, je suis allée sur le marché du travail, car un seul revenu n'était pas suffisant. Quand j'ai appris que le centre local d'emploi pouvait sûrement m'aider à retourner aux études, j'ai pris rendez-vous. Premièrement, mes heures de travail ne convenaient plus à ma situation familiale et deuxièmement, j'avais envie de terminer mes études pour ensuite avoir une bonne profession dans un domaine où j'aurais le plaisir de travailler et non uniquement par obligation. Alors, le centre local d'emploi m'a acceptée.

Nathalie

Dès ma rentrée au centre d'éducation pour adultes, j'ai vite réalisé que c'était pour moi la meilleure décision que j'avais prise à ce jour. L'acquisition de cet indispensable diplôme d'études secondaires est devenue ma priorité. L'éducation individualisée qu'offre le Centre l'Escale m'a permis de raccrocher et d'améliorer considérablement mes résultats scolaires. Cela a eu pour effet d'éveiller en moi le sentiment du devoir accompli et de m'aider à persévérer dans mon cheminent académique.

Socialiser avec des élèves de tous âges m'a fait réaliser que je n'étais pas seul à vouloir retirer l'étiquette du décrocheur qui me collait à la peau. Pour ceux et celles qui hésiteraient encore à retourner sur les bancs de l'école, dites-vous qu'il n'y a que des bénéfices à vouloir réussir ses études.

Samuel

Un étudiant mis K.O.

Je m'appelle Richard. J'ai 48 ans et je suis un décrocheur. Je me pose toujours la question suivante : ai-je décroché par choix ou par obligation ? Mon parcours n'est pas différent de celui des autres. J'ai été l'objet de certaines circonstances comme la plupart des décrocheurs. Je ne me considère pas comme une victime. J'ai ma part de responsabilité et je l'assume.

J'ai été un exemple, un modèle selon mes professeurs au primaire et au début du secondaire. Ma moyenne se situait aux environs de quatre-vingts et plus. Par ailleurs, on ne devient pas décrocheur du jour au lendemain. Il y a un cheminement, une histoire, un moment où la balance commence à pencher, où intervient un élément perturbateur, comme dans tout bon récit.

1977 est l'année où j'ai quitté la polyvalente de Saint-Jérôme. Mes parents avaient décidé à l'époque de se rapprocher respectivement de leur lieu de naissance, soit Sainte-Agathe-des-Monts pour l'un et Val-des-Lacs pour l'autre. Nous nous sommes établis à Val-David, petit village touristique des Laurentides. Mes parents avaient déménagé, malheureusement, avant la fin de l'année scolaire.

Premier «jab»

À cette époque, j'avais environ 12 ans. J'arrivais en plein milieu de l'année. Je ne connaissais personne. J'étais le parfait étranger venu d'ailleurs. Je sentais tous les regards se poser sur moi, comme si j'en avais besoin. Ma famille menait une vie très modeste. Je n'exagère point : nous étions pauvres, pour employer les vrais mots. Dans mes cours, je me débrouillais très bien, sauf en math. Ma nouvelle école était en avance dans cette matière par rapport à l'école précédente à Saint-Jérôme. Lorsque j'ai quitté, je n'avais pas appris l'algèbre, nous étions encore dans les ensembles mathématiques. Donc, il me manquait un chaînon important pour rattraper les autres élèves de la classe.

Deuxième «jab»

Un jour, pendant un cours de math, je me suis levé et je suis allé voir la prof pour une explication. Elle tenta de m'expliquer un problème d'algèbre que je ne comprenais pas. Je posais question après question mais je ne comprenais toujours pas. Soudain, elle se fâcha, me prit par le bras et secoua mon petit corps comme une vadrouille devant toute la classe. Elle me demanda pourquoi je n'étais pas capable de comprendre un problème si simple. C'était la dernière fois que je posais une question à un professeur.

Crochet de gauche

Quelque mois plus tard, on m'annonça que je devais recommencer la première secondaire. Pas question ! Je m'étais promis de ne plus revenir à cette école de tortionnaires. En plus, la prof d'anglais était une fanatique, elle était plus catholique que le pape. Elle récitait une prière avant chaque cours. Aussi, elle nous faisait peur avec le diable, une bonne vieille catholique, quoi !

Un round nul

Pendant la saison estivale, mon père réussit à me faire passer en deuxième secondaire. Disons que j'ai eu un petit coup de pouce de ma cousine qui était commissaire à la commission scolaire des Laurentides. J'étais heureux de ne pas revenir dans cette légion étrangère.

Crochet de droite

Enfin, j'étais en deuxième secondaire! Le monde s'ouvrait une fois de plus devant moi : nouvelle école, nouveau départ, de quoi être fier. Je suis vite retombé sur terre avec les maths. Je ne comprenais pas plus et je ne cessais de reculer face aux autres. Je refusais de demander de l'aide au prof. Pas question de me faire humilier publiquement encore une fois. Au fur et à mesure que l'année avançait, moi, je reculais. Ma confiance fut secouée comme un arbre durant une tempête. Mes résultats scolaires étaient médiocres. Mes parents ne disaient rien pour mes notes qui jadis avaient été ma fierté. L'instruction, à la maison, n'était pas une priorité. Mes frères et sœurs qui étaient plus âgés que moi n'ont jamais terminé le secondaire, eux, non plus.

Je n'avais pas de modèle à imiter ni personne pour me motiver, sauf moi-même. Mon rêve de devenir pilote dans les Forces armées était bel et bien mort. Ma foi en l'éducation était chose du passé. À force de voir les échecs vous passer sous le nez, votre attitude face à l'apprentissage se métamorphose. Vous devenez une personne en rébellion pour compenser vos échecs scolaires. Vous ne voulez plus perdre la face devant les autres, vos priorités changent. Le seul rêve à votre portée est de faire de votre mieux pour survivre.

Knock out

Encore une fois, j'étais mis devant l'évidence : je recommençais mon année scolaire ou je passais en formation professionnelle. À l'époque, le secteur professionnel était mal vu. En effet, seuls les élèves avec des problèmes d'apprentissage y allaient. J'avais l'impression d'être une tarte, un stupide, pas assez intelligent pour le programme régulier.

Je vous laisse deviner la suite, c'est une histoire prévisible, un scénario simpliste. Je ne blâme personne pour mon échec personnel en ce qui concerne mon éducation. Je suis seul à prendre le blâme.

Résurrection

Aujourd'hui, j'ai la chance de retourner à l'école, après 28 ans dans les Forces armées. Je pourrais dire que les Forces m'ont sauvé de la misère. J'ai quand même eu une belle vie, et ce, sans éducation. Je suis une exception, j'ai eu de la chance même si je n'ai pas réalisé mon rêve de devenir pilote. Au moins, j'étais soldat. Si à mon âge j'ai pris la décision de retourner sur les bancs de l'école, c'est surtout à cause de mes enfants et essentiellement pour moi-même. Je vais être le premier dans ma famille à obtenir le diplôme du secondaire.

Maintenant, je m'aperçois que je ne suis pas du tout stupide et que je peux réussir aussi bien que les autres. Je suis heureux d'être retourné à l'école. Enfin, je vais être un diplômé du secondaire. Fini le temps de cacher mon statut de décrocheur. Fini, pour moi, le temps où je disais à mes enfants : « Je ne comprends pas. » Je dois admettre que j'ai eu le privilège de rencontrer des professeurs exceptionnels. Je ne peux m'empêcher de nommer deux d'entre eux : Chantal Gauthier et Serge Cham. Ils ont su me transmettre leur passion, leur joie d'enseigner, leur attachement à la langue française. Il y a aussi ma femme Nancy qui m'a supporté dans ma décision de retourner sur les bancs de l'école. Merci à vous tous !

Richard

Annexe 2

Hommage « Reconnaissance-coup de cœur »
Commission scolaire des Draveurs
Gatineau, Québec, 1er mai 2012

Présentation

Serge est un formateur qui enseigne le français au point de service de Perkins du présecondaire au cinquième secondaire. Il est un formateur qui est continuellement à la recherche de nouvelles idées pour motiver et impliquer ses apprenants dans leurs apprentissages. Le respect qu'il démontre à tous favorise un climat d'apprentissage qui permet à chacun de se dépasser. La qualité de ses interventions et son professionnalisme font de lui une personne d'exception. Vivre au sein de son groupe amène les apprenants à surmonter leurs difficultés.

Bravo pour ton excellent travail.

Suzanne Belleville
Directrice
Centre Nouvel-Horizon
Centre d'éducation des adultes

Nomination remarquable pour un prof remarquable

Bonjour Serge Cham,

Je vous écris cette lettre pour vous féliciter d'avoir été honoré pour votre excellent travail. Vous êtes l'une des rares personnes compréhensives et respectueuses que j'ai connues durant mon passage aux études. J'ai toujours été sûre qu'un jour on vous remarquerait pour votre foi en nous et votre aide remarquable. Vous méritez beaucoup de reconnaissance. Vous êtes comme un sauveur!

Vous nous avez tellement donné le goût de réussir et de persévérer non seulement à l'école, mais dans la vie. Vous avez mis tant de temps et de patience pour nous montrer que nous pouvons persévérer.

Je tiens à vous remercier pour toute l'aide que vous m'avez apportée et pour toutes les connaissances que vous m'avez transmises. Sans vous, mon passage scolaire serait probablement resté où il était avant ma décision de reprendre mes études. Je n'avais vraiment plus envie de fréquenter l'école à cause de tout l'effort que cela demandait pour réussir.

Aujourd'hui, je suis par contre très fière de moi. J'aurais tellement voulu vous avoir comme professeur plus tôt! Mon passage aurait beaucoup moins traîné de la patte. Je crois que ce qui m'a le plus aidée c'étaient les explications sur les verbes, les noms et les pronoms. Tout cela est vraiment gentil de votre part. Je ne sais pas si vous vous rappelez une de vos remplaçantes, elle s'appelait Clémentine La Bine. Elle était vraiment agréable, elle aussi.

Je vous remercie mille fois pour toute la patience que vous avez et pour votre joie de nous enseigner. Je vous félicite, une fois de plus, pour votre nomination. Vous méritez cette distinction plus que n'importe qui. Prenez bien soin de vous.

Mes salutations, Jessica.

Voici le poème inspiré par votre personne ainsi que par votre manière si originale d'enseigner un français de très grande qualité. Je suis infiniment honorée que vous me fassiez l'immense plaisir de l'insérer dans votre livre. Je vous souhaite bonne chance pour la publication de votre ouvrage.

La langue française

La langue française
C'est une jolie falaise
Que l'on gravit chaque jour
Avec la vie, avec l'amour
Dont la grammaire est l'océan
Dans lequel on se perd souvent...

Les phrases sont une musique
Que l'on apprend, que l'on pratique
Dont chaque mot est un trésor
Qui toujours demande un effort.

On écrit beaucoup mieux
Quand on a l'orthographe
Et le secret des dieux
Est dans le paragraphe.

Il explique pourquoi,
Il explique comment
On écrit plus sûrement
Si on connaît les lois
Et respecte les règles.

Le français nous promène
De pays en pays...
Il met tant de couleurs
Dans nos âmes ravies,
Qu'ainsi il nous emmène
Parfois au paradis...

Mais c'est en l'enseignant
Qu'il continue sa route
Dans nos esprits et dans nos cœurs...
Si jamais un jour tu en doutes
Parles-en donc au professeur !

Ariane
une élève qui, comme vous,
aime sa langue et en prend soin...
un peu.

Conclusion

Tant que le sourire de l'un allumera le cœur de l'autre, la vie continuera d'être parsemée de moments d'éternité. L'enseignant conscient de poursuivre sa propre croissance dans l'exercice de ses fonctions sent jaillir en lui une source intarissable de plaisir.

Exprimer sa gratitude à l'égard des élèves pour leur présence en classe serait tellement bienfaisant! N'offrent-ils pas à l'enseignant une raison de plus de se lever le matin et de se réaliser?

Cette certitude de s'acquitter de sa mission procure indéniablement une jubilation indicible.Ce privilège de voir éclore tant de fleurs grâce à la sollicitude avec laquelle on a veillé sur les bourgeons est inestimable.

Comment ne pas souhaiter que chaque être humain, quel qu'il soit, puisse avoir accès à des conditions favorables au dévoloppement de son plein potentiel? Imaginons un instant sa profonde satisfaction et le caractère unique de sa contribution à la construction du monde!

Serge Cham

Table des matières

Remerciements 11

Du même auteur 15

PRÉFACE 17

CHAPITRE PREMIER
Le bon choix 19

CHAPITRE 2
Mes trois premières années
L'école Saint-Bernardin 25

CHAPITRE 3
Mutation soudaine 29

    Quelle prétention ! 32

    Ma dette envers Ti-Louis 38

    Le Centre hospitalier Pierre-Janet 42

    De quoi s'agissait-il ? 45

    En quoi consistait-il ? 47

    Fondements théoriques 51

CHAPITRE 4
À l'écoute de mes élèves

    Un défi de taille 55

    Le premier 67

    Le second moment de grâce mémorable 68

    L'esprit d'équipe 69

    L'histoire d'Andou 70

    L'histoire de Kandou 72

    L'histoire de Sanclou 74

    Chidou 79

    Manidou 83

Le fameux vendredi 88
Limou 89
Ma dernière histoire 94
Le canard heureux 96

CHAPITRE 5
Mes années d'enseignement aux adultes 99
Agréable surprise 101
Une expérience inédite 104
Une autre étudiante 109
Une histoire mirobolante 112
Les dix leçons que m'ont apprises
les étudiants adultes 114

ANNEXE 1
Témoignages de quelques étudiants adultes :
dix ex-décrocheurs 117

ANNEXE 2
Hommage « Reconnaissance-coup de cœur »
Commission scolaire des Draveurs 135

CONCLUSION 139

François-Xavier Simard et Denyse Garneau, *Fulgence Charpentier (1897-2001) La mémoire du XXe siècle.* Biographie, 2007, 968 pages

Thérèse Frère, *Par delà... l'horizon.* Autobiographie, 2008, 152 pages, + 14 pages photogaphies n/b, + 4 pages couleur.

Don Boudria, *Busboy. De la cuisine au Conseil des ministres.* Autobiographie, 2007, 532 pages, + 20 pages photographies n/b

François-Xavier Simard et Jean Yves Pelletier, *Omer Deslauriers (1927-1999) Visionnaire, rassembleur, bâtisseur,* 2009, 376 pages

Jean-François Somain, *Le plus bel amour du monde.* Récit, 2008, 224 pages

Nicole V. Champeau, *Pointe Maligne. L'infiniment oubliée,* Présence française dans le Haut Saint-Laurent ontarien. Tome I, 2009, réimpr. 2010, 376 pages

Claude Dolbec, *Petit bonheur de chemin.* Récit (vendu avec un CDcontenant la chanson *Amour*), illustrations en couleur d'Isabelle Regout, 2012, 80 pages

Walery Nowina, *Qu'il y ait du soleil pour tout le monde.* L'histoire d'un enfant qui a, miraculeusement survécu à la Seconde Guerre mondiale, 2012, 136 pages

Pierre Léon, *Nos jeunes années. Des toits de Paris ceux de Toronto (1964-1984) et Petite suite...* Récits, 2013, 386 pages

Composition
en Bookman, corps onze sur quinze
et mise en page
Atelier graphique de Saint-Patrick
Ottawa (Ontario)
Impression et reliure
Imprimerie Gauvin
Gatineau (Québec)
Achevé d'imprimer
en mai de l'an deux mille quatorze
sur les presses de
l'imprimerie Gauvin
Gatineau (Québec)
pour Les Éditions du Vermillon

ISBN 978-1-77120-179-7 (papier)
ISBN 978-1-77120-180-3 (PDF)
ISBN 978-1-77120-181-0 (ePub)

Imprimé au Canada